ASESINATO
EN LA CASA
DE LOS DIAMANTES

ASESINATO
EN LA CASA
DE LOS DIAMANTES

CHARLES J. KANE

Créditos editoriales
Edición, 2009

Prohibida la reproducción total o parcial de esta obra por cualquier
medio técnico, mecánico o electrónico, sin previo permiso escrito por
parte de Publicaciones Puertorriqueñas, Inc.

© Publicaciones Puertorriqueñas, Inc.

ISBN 1-934630-80-2

Producido en Puerto Rico
Impreso en Colombia • Printed in Colombia
D'vinni, S. A.

Editor:
ANDRÉS PALOMARES

Diseño y Diagramación:
EVA GOTAY PASTRANA

Artista Gráfico Portada:
JAIME NARVARTE

Fotografía Portada:
JUAN ESTEBAN SUÁREZ

Árbol geneológico:
CARLOS NEGRÓN

Correcciones:
DRA. PURA RIVERA

Publicaciones Puertorriqueñas, Inc.
Calle Mayagüez 46
Hato Rey, Puerto Rico 00919
Tel. (787) 759-9673 Fax (787) 250-6498
www.publicacionespr.com

ÍNDICE

Prólogo

Un maestro de ciencias enfrenta la inesperada muerte de su madre y en medio de la congoja descubre un viejo documento que le revela su condición de hijo adoptivo. Asistido de amigos, parientes, periodistas y organizaciones judías, inicia una angustiosa investigación en dos direcciones: hacia adelante, para dar con la identidad de los criminales, y hacia atrás, para reconectarse con sus raíces biológicas en Europa. Después de enfrentar mil obstáculos y sobreponerse a la crisis emocional que aquel mazazo supuso, logra esclarecer que tanto su madre natural en Bélgica, como su madre adoptiva en Puerto Rico, judías ambas, fueron asesinadas por organizaciones de corte fascista vinculadas al poder oficial.

Así podría resumirse la peripecia que con tanto dramatismo y amenidad, pero también con asombrosa sencillez, cuenta Charles J. Kane en *Asesinato en la casa de los diamantes*. Sin embargo, la peripecia no lo es todo en este libro nacido de la increíble realidad. Alberga asimismo un relato que es un himno a la valentía, a la perseverancia, a la solidaridad humana, al tesón...

Cuando en el verano del año 2007 la entrañable amiga Emma Cardona López-Baralt me presentó al hombre de carne y hueso protagonista de esa historia alucinante, escribí un perfil para la sección "Vidas Únicas" del periódico El Nuevo Día que llevó por título "Charles Joseph Kane: Las sombras de la identidad". No sabía yo entonces que aquel encuentro constituiría el inicio de una amistad que habría de llevarme a colaborar con él en otro proyecto que acababa de emprender: la revisión y actualización de la historia publicada en 1984 con el título *Calle San Francisco 308*.

Hoy puedo reafirmar lo que dije entonces: la vida de Charles J. Kane, vida que ni el mejor escritor de misterio hubiera ideado, es el argumento ideal para el guión de una buena película de cine negro. He podido constatarlo mientras era testigo de cómo se iba armando este libro cuidadosamente documentado. Si bien es cierto que el autor, sumergido en los tres idiomas que su azarosa vida lo ha obligado a manejar (francés, español e inglés), a veces confrontaba algunas dificultades con la expresión escrita, sin lugar a dudas tiene en abundancia la destreza esencial para producir un buen texto, aquello que todo aspirante a escritor añora: el arte de saber contar.

La mejor prueba de ello se puede apreciar cuando narra cómo al tiempo que movía cielo y tierra para dar con los criminales, aunque su reclamo no tuviera una acogida seria ni en el alto mando de la Policía, ni en el FBI, emprendía el viaje en búsqueda de su identidad. Acompañado de Blanca, su esposa, visitó países, auscultó en registros, alcaldías, sinagogas, cuarteles de policías. Sabía que aquello era como un rompecabezas: si una pieza se rompía, el resto se derrumbaba. Pregunta a pregunta, un dato fue conectando con otro hasta lograr recomponer su vida como si fuera un arqueólogo entre escombros.

En el invierno crudo de 1977 fueron apareciendo hermanas, primos, sobrinos, tíos... hasta entonces desconocidos, y de pronto se torció el rumbo de su vida. Así empezó a construir una nueva novela familiar sobre las ruinas de la anterior. No podía creer que fuera uno de aquellos 3,000 niños belgas cuyas vidas fueron salvadas de subir al tren de la muerte, del envío directo a las cámaras de gas de algún campo de exterminio como el de Auschwitz en su Polonia ancestral.

Desde entonces, y tras perfeccionar sus dotes de investigador al desempeñarse como inspector del Servicio de Inmigración de los Estados Unidos, no ha cejado en su misión de que las autoridades divulguen la identidad de los asesinos, pues los documentos que le proveyó el Departamento de Justicia federal tienen los nombres tachados. Ha puesto al tanto a todos los gobernadores y secretarios de Justicia. Y aunque no hayan movido un dedo para esclarecer la muerte, es optimista y piensa que pronto aparecerá algún funcionario sensible y justiciero que lo saque del gueto de incertidumbre en el que se encuentra.

Arropado por una nube de sueños, Charles J. Kane, un judío que no cree en símbolos que dividan, guarda celosamente las piezas del rompecabezas que ambiciona ver convertido en largometraje. Sabe que los cientos de documentos acumulados encierran miles de tomas y escenas. Y sabe también que ya en un algún sitio de este país un equipo de gente entusiasta junta talentos para armar el guión de su anhelado proyecto.

Pero mientras llega ese horizonte, hoy podemos disfrutar de un libro que en vez de conducirnos, como el tren de la muerte, a los campos de la barbarie y el olvido, nos devuelve al reino de la cordura y la memoria de manera que sea imposible olvidar.

Luis Rafael Rivera
San Juan de Puerto Rico
agosto de 2008

Charles J. Kane

Nació en Bruselas (Bélgica) en 1942, cuando ya la persecución nazi había cruzado fronteras y desataba una cruenta cacería de judíos y otros elementos "antisociales". Víctima directa de esta infamia, porque perdió a sus padres biológicos oriundos de Europa Oriental y sufrió la separación de sus dos hermanas de sangre, una vez terminada la Segunda Guerra Mundial pasó a formar parte de otra familia judía que lo crió como suyo y lo trasladó a América. Después de vivir su adolescencia en Caracas y Nueva York, llegó a Puerto Rico donde acudió a la universidad y se preparó para desempeñarse como maestro de ciencias. En este país contrajo matrimonio y unos giros inesperados en su vida, los cuales constituyen el nudo esencial de este libro, lo obligaron a ir tras las huellas de su identidad. Esta tarea, angustiosa y trepidante, se le facilitó en parte porque ya se había convertido en inspector de aduanas y por las destrezas que adquirió luego como inspector de inmigración de los Estados Unidos de América. La jubilación en el año 2006 le dio a Kane el sosiego necesario para actualizar este increíble relato que es solo historia, aunque parezca nacido de la ficción.

I

SAN JUAN, 21 DE MARZO DE 1977

Espera lo mejor, pero prepárate para lo peor.

Yo iba saliendo de mi apartamento en Borinquen Towers a comprar algo al supermercado, cuando oí sonar el teléfono. Era mi hermana Eliane. Me preguntaba si había recibido alguna llamada de nuestra madre. Le contesté que no, que lo único que ella me había informado el día anterior (domingo), era que al día siguiente (lunes) viajaría a Mayagüez, y que contaba con un boleto de la línea aérea *Prinair*.

Eliane sonaba un poco preocupada, pues nuestra madre tenía la costumbre de llamar antes de abordar el avión. Le pedí entonces que luego se comunicara conmigo para saber si había logrado dar con ella. Enganché el teléfono y reanudé el viaje al supermercado que quedaba en la planta baja del condominio. Luego de recoger una ropa en la lavandería, regresé a mi apartamento y encendí el televisor.

Como a las 4:30 de la tarde, Eliane volvió a comunicarse conmigo para avisar que al llamar al apartamento de nuestra madre, que quedaba en la calle Maribel 1509 del Condado, la empleada doméstica le informó que doña Jacqueline Kane no había regresado ni se había comunicado con ella. En ese momento percibí que Eliane estaba muy nerviosa, y traté de calmarla. Aduje que posiblemente se trataba de algún problema con el automóvil y que tan pronto Blanca (mi esposa) llegara, iría al Condado.

Jacqueline Kane.

Henri Kane.

Esperé en el estacionamiento del condominio, serían más o menos las 5:30 de la tarde. Llegó mi esposa y nos dirigimos al apartamento de mi madre. Al llegar, comprobamos que el carro no estaba en el estacionamiento. En ese momento empecé a intranquilizarme; ella tenía la costumbre de dejarlo allí. Muy ansiosos fuimos a casa de Eliane en Ocean Park. Ella nos volvió a informar que Mamá no había llegado y que tampoco había llamado. Fue entonces que decidí comunicarme con la Policía.

Ya todos estábamos preocupados por el paradero de doña Jacqueline Kane. La Policía llegó a eso de las 7:00 de la noche y denunciamos la desaparición. Yo no sabía, entonces, que cuando alguien desaparece primero hay que reflexionar sobre los hábitos de la persona desaparecida, y después hacer pública la desaparición ante los medios de comunicación (prensa radio y televisión), y llamar a los hospitales. En ese momento comenzó la mayor agonía que puede sufrir un ser humano. Empecé a comprender que algo andaba mal.

Después nos dirigimos al apartamento de mi madre. Allí hice unas llamadas a algunos amigos y conocidos, sin resultado positivo alguno. Pude notar que el boleto de avión, de ida y vuelta, estaba sobre la mesa del comedor. Por si acaso, llamé al Mayagüez Hilton, hotel donde ella acostumbraba quedarse, para indagar si Jacqueline Kane aparecía registrada como huésped. La persona que estaba en la recepción me informó que, efectivamente, había una reservación con ese nombre, pero que la persona no se había presentado. También pude percatarme de que mi madre había anotado en un papel en blanco los nombres de algunas joyerías que visitaría ese día.

Charles y Jacqueline Kane.

A medida que pasaban las horas, la agonía aumentaba. Intuíamos, llenos de dolor, que algo terrible había sucedido. Todo era cuestión de esperar. ¡Si alguien llamara...!

II

LA POLICÍA NO COOPERA

Muchas leyes, pero nada de justicia.

Amaneció. Eran más o menos las siete de la mañana del martes 22 de marzo y había que preparar un plan. Ya no se trataba de esperar, sino de actuar.

Le pedí a Eliane que fuera al Viejo San Juan a visitar varias joyerías para indagar sobre el paradero de nuestra madre. Acompañada de su suegro, don Carlos, ella fue al edificio de la calle San Francisco 308 y recorrió los pisos segundo y tercero sin obtener información que nos pudiera tranquilizar.

Yo me dirigí a la estación radial WIAC en la Avenida Ponce de León. Allí conversé con Paquito Cancel, el Director de Noticias, sobre la posibilidad de pasar un boletín. Él fue una persona sumamente comprensiva, entendió la situación y me complació. En el boletín prometimos una recompensa a cualquier persona que ofreciera

Charles y su esposa Blanca.

información sobre Jacqueline Kane. Incluso, hablamos de un posible secuestro.

De allí me dirigí nuevamente al apartamento de mi madre, donde me esperaba mi esposa. Le pregunté si había recibido alguna noticia y me informó que no. A eso de las nueve y media de la mañana, los dos fuimos al Cuartel General de la Policía en Hato Rey. Llegamos al estacionamiento por la parte posterior, donde había un guardia de turno. Él nos preguntó a dónde nos dirigíamos y le contestamos que a la sección de personas desaparecidas. Nos refirió a una de las oficinas del piso superior. Allí nos atendió una persona que vestía ropa de civil. Le explicamos la situación y nos refirió a otra oficina, no sin antes llamar por teléfono (supongo que era una llamada interna). Al llegar a esa otra oficina, nos recibió un supuesto investigador que también vestía ropa de civil. Nos identificamos y le dijimos que yo era el hijo de Jacqueline Kane.

Recuerdo que el investigador hizo una llamada telefónica y a los pocos minutos se presentaron dos personas, una de ellas una mujer policía que vestía como tal. Les pregunté a estas tres personas si sabían algo sobre el caso de mi madre. La mujer policía exclamó que se trataba de un secuestro (posiblemente había escuchado algo por radio y ni siquiera había confirmado la noticia). En ese instante, el agente que la acompañaba confirmó que había recibido cierta información de una patrulla del área de la Parada 18 que afirmaba que a eso de las cuatro de la madrugada habían visto a la desaparecida en un vehículo con dos individuos a bordo, uno en la parte trasera y el otro en el asiento delantero. Un rayo de luz pareció iluminar a mi esposa. Para ella cabía la posibilidad de que su suegra siguiera con vida. Pregunté a uno de los agentes cómo sabían ellos que el carro que manejaba Jacqueline era el suyo. Me contestó que lo sabían por el informe que sometió el agente (fulano de tal) de los datos preliminares que nosotros le habíamos suministrado. En ese momento pensé: «¡Qué eficiente es la Policía de Puerto Rico!».

Antes de despedirnos, les dejé un número de teléfono para que pudieran comunicarse conmigo tan pronto supieran algo. Nunca lo hicieron. Salí pensativo del cuartel. Le dije a mi esposa que quería ir a las oficinas del FBI. Allá fuimos. Me hicieron pasar a una sección donde me aguardaba un agente especial. Al iniciar la conversación sospeché que el hombre tenía conocimiento del suceso, y no tardé mucho en saber que estaba en lo cierto. Le explicamos detalladamente lo que había sucedido. Incluso, le hablé de nuestra visita al Cuartel General de la Policía de Puerto Rico. Le afirmé que la Policía nos había informado que se trataba de un caso de secuestro. También le pregunté si el FBI podía intervenir en la investigación por tratarse de un asunto de comercio interestatal, pues la víctima, la señora Jacqueline Kane, viajaba frecuentemente a la ciudad de Nueva York a comprar diamantes. A todo esto, el agente nos dijo que de acuerdo con su experiencia no había mucha esperanza de encontrarla viva. Nos hizo saber también que el FBI no tenía autoridad legal para entender en el caso.

En verdad ambos salimos defraudados cuando escuchamos aquella aseveración. Regresamos al apartamento del Condado, donde se habían congregado algunas personas, entre las que se encontraba mi cuñado Víctor. Les comuniqué lo que la Policía nos había dicho, que posiblemente se trataba de un secuestro.

Todos decidimos que había que seguir investigando por nuestra cuenta y que debíamos iniciar la pesquisa tratando de dar con el carro de Jacqueline. Me monté en el automóvil de mi cuñado Víctor. Primero recorrimos los sectores de la Parada 18, luego seguimos por la Ponce de León hasta llegar al Parque Luis Muñoz Rivera. Mi concuñado Eduardo recorría otras partes de Santurce, mientras algunas personas que se presentaron voluntariamente fueron a distintos sectores donde ella podía haber estado. Nuestro recorrido duró entre una y dos horas, y como no tuvo éxito decidimos regresar al apartamento del Condado.

A los pocos minutos me llamaron para informarme que habían localizado el vehículo en un estacionamiento de la calle Del Parque de Santurce. Me fui en el carro de Blanca. Al llegar al lugar estaban allí dos agentes de la División de

Eliane y su esposo Eduardo.

Homicidios. Nos identificamos. Uno de ellos me preguntó si aquél era el vehículo de Jacqueline Kane. Yo le contesté que efectivamente lo era. En ese momento me di cuenta de que mi madre estaba muerta.

Abrimos el baúl del carro con una *pata de cabra*. Todo estaba en orden. Inmediatamente interrogamos al empleado del estacionamiento, quien nos informó que Jacqueline había dejado el carro el día anterior, como a las diez de la mañana. Ella le había informado que posiblemente iría a recogerlo a la una de la tarde. La investigación reveló que luego ella se dirigió a un banco cercano y que allí tomó un taxi hacia el Viejo San Juan, específicamente al número 308 de la calle San Francisco, pues ella tenía una oficina en el cuarto piso del edificio y casi nunca podía conseguir *parking* allá.

Después de la entrevista con la Policía, en el área de estacionamiento, regresamos al apartamento del Condado. Estábamos agotados por el cansancio y la emoción, así que decidimos descansar un rato. Sonó el teléfono, era alguien que había escuchado el noticiario matutino de WIAC. Me dijo que había visto a una persona con la descripción difundida por la radio caminando por la Avenida Ponce de León. Le pregunté: «¿Señora, pero por qué lugar?» No supo contestarme. Enganché el teléfono furioso. Pensé que, por lo visto, en este mundo había personas que no tenían la más mínima sensibilidad.

Así pasamos toda la tarde, esperando algo que tal vez nunca ocurriría: encontrarla viva.

III

SURGE EL PRIMER INCIDENTE

La ley no puede persuadir si no puede castigar.

El cadáver de Jacqueline Kane fue hallado el miércoles 23 de marzo en un edificio que estaba en proceso de restauración en la calle San Francisco del Viejo San Juan. Ese día el conserje notó que un olor desagradable provenía de uno de los rincones del tercer piso. El cuerpo, con signos de *rigor mortis*, estaba encima de uno de los zafacones. Una plancha de acero, que pertenecía al ascensor y estaba sostenida por dos contrapesos, lo tapaba parcialmente. Tenía el pelo lleno de viruta de madera, y una toallita "Handy Wipe", color verde, le cubría la cara.

Mi cuñado Eduardo, quien había reportado la desaparición, recibió una llamada de la Policía que le informaba que habían descubierto un cuerpo en el segundo piso del edificio. Él fue al Viejo San Juan e identificó el cadáver. Poco tiempo después me llamó al apartamento del Condado para notificarme el hallazgo.

Cuando llegué al lugar de los hechos, el agente del NIC que me recibió me dijo que la primera impresión que tuvo al ver la escena fue que claramente se trataba de un asesinato. Allí otros agentes me entrevistaron. Recuerdo que les pregunté si habían encontrado algunas pertenencias en poder de la occisa. Me dijeron que lo único que hallaron fue un ticket de un estacionamiento en Santurce, y me lo mostraron. Aparecía perforado a las 12:15 de la tarde.

Calle San Francisco.

Pude observar a un sacerdote en los pasillos, quien de seguro había venido de la Iglesia San Francisco, que estaba muy cerca. Francamente, en esos momentos yo no podía conversar con él. Sólo le dije que ella era judía; él hizo una oración, y yo le di las gracias.

A todo esto, los agentes del NIC me llevaron a unas oficinas del tercer piso donde interrogaron a varios testigos. Nadie parecía saber lo que había ocurrido. El fiscal ordenó el levantamiento del cadáver y su envío al Instituto de Medicina Legal para la autopsia de rigor.

La primera pesadilla había concluido. No nos quedaba nada por hacer, aparte de notificar la muerte a algunas personas y comenzar los trámites para el entierro. En ese momento no pude imaginar que después de aquel trágico suceso otro incidente cambiaría radicalmente mi vida.

Ya era la una de la tarde. Decidí trasladarme a la Funeraria Ehret. Una secretaria me indicó quién era la persona a la que debía dirigirme para hacer los arreglos funerales. Entré en una amplia oficina y le expliqué al hombre que allí estaba que aquel tipo de funeral no era común, que se trataba de un rito judío. Me contestó que no había ningún problema.

Nos trasladamos a un inmenso salón donde había muchas cajas mortuorias. Allí él me explicó que para las personas de la fe judía existía un solo modelo, una caja de madera con el emblema de la Estrella de David grabado en la tapa[1], porque de acuerdo con la tradición judaica el cuerpo tenía que descomponerse lo más rápidamente posible para tener contacto con la tierra. Le pregunté si yo tenía que comunicarme con el Rabino. «No, señor», me dijo él. «Nosotros lo haremos», añadió de inmediato. Cuando inquirí si él sabía cómo conducir todo el rito del funeral, me dijo: «Señor Kane, no se preocupe; ésta no es la primera persona judía que enterramos». Además me informó que el Rabino traería la vestimenta directamente de la Sinagoga y que, tan pronto llegara el cadáver, se comunicaría conmigo[2].

Dejé la funeraria y me fui al apartamento del Condado. Hice una llamada telefónica a Nueva York para avisar a mis dos tías, Marie y Paula, que

---

[1] La creencia es que ricos y pobres tienen que ser enterrados en este mismo estilo de ataúd.

[2] En la religión judaica la persona debe ser enterrada en las próximas 24 horas. A menos que se esté esperando familiares de afuera. Generalmente, las comunidades judías cuentan con Sociedades Funerarias Sagradas, compuestas de grupos de voluntarios que lavan y visten el cuerpo del difunto y hacen arreglos para el entierro. Se le viste con simples mortajas o sudarios de algodón. No se permite el entierro el sábado.

el funeral se efectuaría el viernes 25 de marzo, a eso de las diez de la mañana. Fui a darme un duchazo. Estaba cansado y empapado de sudor.

Por la noche me trasladé nuevamente a la funeraria para recibir el pésame de la gente que se había congregado. Departí con algunas personas conocidas que me dieron ánimo, y fue allí donde por primera vez oí a alguien decir que el lunes 21 de marzo, a eso de la una de la tarde, había visto a Jacqueline en el edificio de la calle San Francisco. Esa misma persona me dijo que en aquel momento había tenido sospechas de que algo fuera de lo común estaba sucediendo.

Para mí, aquello ya no había sido una muerte natural. Regresamos a la casa para irnos a dormir.

Amaneció. Sabía que sería un día largo y penoso. Ya eran las siete de la mañana. Tomamos un poco de café, y nos trasladamos a la funeraria. Cuando llegué al *parking* pude observar una gran cantidad de automóviles. Mi madre tenía muchas amistades.

Subimos al segundo piso, donde dejé a mi esposa en la entrada. Entonces se suscitó el primer incidente. Una de mis tías expresó que no quería que a Jacqueline se le enterrara en Puerto Rico. Les digo que el Rabino nos está esperando y que el entierro debía seguir su curso, ya nadie podía detener el proceso. Les informo también que aunque ellas quisieran trasladar el cadáver a los Estados Unidos no había un permiso oficial del Departamento de Salud, que debían ser conscientes de que el cuerpo no estaba embalsamado y que el proceso de descomposición hacía imperante el entierro[3].

Eran las diez y cuarto. Mi esposa me llamó para decirme que el Rabino estaba esperando. A todo esto, mis tías seguían argumentando que ellas no iban a permitir el entierro. Empecé a molestarme y le dije a mi hermana Eliane que sería yo

---

[3] Sólo se permite el entierro, apoyándose en la Tora. Dios le dijo a Adán: "regresaras al polvo de la tierra, porque del polvo de la tierra has venido" (Génesis 3:19). Tampoco está permitida la cremación porque el alma sufriría un gran dolor debido a la manera no tan natural de desligarse del cuerpo, como dice el Talmud. Además, la cremación ha dado connotaciones muy negativas desde que millones de judíos fueron asesinados y sus cuerpos lanzados a hornos crematorios. También la religión judaica ha desaprobado la conservación del muerto por medio de embalsamamiento y la momificación. Cosa interesante es que durante el siglo 19 y los primeros años del siglo 20, como los cementerios judíos en muchas ciudades europeas habían llegado a su límite poblacional, la cremación fue aceptada entre los judíos liberales. Los movimientos liberales actuales, como la Reforma al Judaísmo, siguen apoyando la cremación aunque la inhumación es preferida.

quien tomaría la decisión, y que si ellas querían permanecer en la sala, serían bienvenidas. Salí de la sala y le dije al Rabino que estábamos listos. Él se dirigió a la capilla de la funeraria a celebrar un servicio. Allí había un gran número de personas. A todos los hombres se les había entregado un Kipa, un gorrito que se lleva en la cabeza para que no quede descubierta ante Dios, y que en la fe judía simboliza la necesidad de tener presente en todo momento que Dios está por encima de los hombres y las cosas. El Rabino recitó el *Kaddish*, una oración sagrada que se hace en recordación de los muertos[4].

La Torah, también conocida como La Ley de Moisés, es el documento más importante de la religión judía, el cual está escrito en hebreo. La Torah está compuesta por los cinco primeros libros de la Biblia (pentateuco): Génesis, Éxodo, Levítico, Números, y Deuteronomio. Estos libros contienen los 613 mandamientos de los judíos, así como la historia de los inicios de esta religión.

---

[4] El *Kaddish* es una doxología, una alabanza a Dios. Es la expresión de la fe en la grandeza del Todopoderoso y una petición de redención y salvación final. *Kaddish* (Sanctus en latín) significa Santo. Esta oración es una de las más antiguas de la liturgia judía y se remonta a la época del segundo Templo.

Después del servicio religioso me fui con mi esposa al carro. En todo momento mi hermana Eliane se mantuvo reunida con mis tías y los demás familiares. Ya la comitiva fúnebre estaba lista. Mi esposa y yo nos colocamos exactamente detrás del coche fúnebre. Iniciamos lentamente el recorrido hacia el cementerio Borinquen Memorial[5], ubicado en las afueras de Caguas. Creo que durante toda la ruta no le pronuncié ni una palabra a mi esposa. Me sentía abatido.

Poco tiempo después, a eso del mediodía, llegamos al cementerio. Ya había muchísimas personas congregadas allí. La difunta sería sepultada en un sector del cementerio destinado a la congregación judía.

Una de mis tías, Marie, se me acercó y me dijo: «¿Tú me quieres decir que a mi hermana la van a sepultar cerca de esta verja? Quiero que la entierren en medio de la sección judía del cementerio». Yo le contesté: «Mira, no soy yo quien escoge el sitio, hay una persona en la Congregación que

---

[5] La sinagoga Shaare Zedeck tiene un espacio en el cementerio Borinquen Memorial de Caguas que fue el único cementerio judío en Puerto Rico hasta que en el año 2008 la congregación reformista del Templo Beth Shalom en Santurce consagró un espacio que adquirieron dentro del cementerio Los Ángeles Memorial Park en Guaynabo.

está encargada de determinar el lugar donde las personas son sepultadas»[6].

El Rabino nos reunió y volvió a recitar el *Kaddish* tradicional en hebreo. Yo también lo hice. Después leyó el Salmo 23 en inglés. Entonces, lanzamos un poco de tierra sobre el ataúd. Me quedé muy acongojado.

Cuando todo terminó nos reunimos mi esposa, mi hermana, mis dos tías y yo en el estacionamiento del cementerio. Allí mis tías me expresaron que estaban muy cansadas y que irían a reposar a casa de Eliane. Les dije que nos encontraríamos en la Sinagoga.

Mi esposa y yo fuimos a descansar al apartamento del Condado. En la escalera me estaban esperando dos personas que alegaban haberle entregado unas sortijas a mi madre. Les dije:

---

[6] Unos años después pude observar en ese mismo cementerio el epitafio de un ilustre ser humano, el doctor Alfred Stern. Este prestigioso profesor y filósofo, nacido en Viena en 1899, tuvo la misma experiencia de muchos judíos que vivieron en Europa durante la persecución nazi. Al llegar a Puerto Rico, enseñó Filosofía en el CAAM, donde fundó la Cátedra de Literatura y Filosofía. Después pasó al Recinto de Río Piedras. Vivió con su esposa, la poeta Marigloria Palma, en el Viejo San Juan hasta su muerte el 31 de enero de 1980. ¿Quién iba a creer que aquel maravilloso ser que conocí en Mayagüez, y que después volví a ver en su casa de San Juan, iba a compartir con mi madre aquel pedacito de terreno bajo el mismo sol de Puerto Rico? ¡Qué casualidad...!

«Como ustedes podrán comprender, yo no sé absolutamente nada de sus negocios». Entonces ellos me mostraron unos recibos que estaban firmados supuestamente por ella. Yo les dije que no era el momento apropiado para discutir el asunto, y que, como podrían notar, el cerrajero estaba cambiando las cerraduras de las puertas porque no se había encontrado ninguna pertenencia en poder de la difunta, ni siquiera las llaves. Como mi esposa estaba muy cansada, les propuse que la prueba que pudiesen tener la suministraran al abogado que se encargaría del caso. Ellos, a regañadientes, se marcharon del lugar.

Por la noche nos dirigirnos a la Sinagoga que queda en la Avenida Ponce de León. Allí se iba a efectuar un servicio especial a la memoria de Jacqueline Kane. Llegamos a eso de las ocho. Pude notar una gran concurrencia. Yo había asistido a ese lugar muchas veces y nunca, que recordara, se había congregado tanta gente allí. Al poco rato llegó mi hermana acompañada de su marido y de mis dos tías. Nos sentamos todos en la misma fila. A los pocos minutos apareció el Rabino, y el servicio comenzó.

Recuerdo muy bien que en el sermón de esa noche, el Rabino se refirió a la ola de violencia que estaba azotando la Isla. Terminado el sermón, nos dirigimos al gran salón, donde un gran número de miembros de la Congregación nos dieron el pésame. Todos se hacían las mismas preguntas: ¿Qué había pasado? ¿Cómo ocurrió? ¿Dónde? ¿Cuándo? Les dije que todo lo que yo

Rabino Martin I. Sandberg.

sabía era que la investigación preliminar de la Policía señalaba que se había cometido un asesinato, a juzgar por la forma en que fue encontrado el cadáver.

Nos despedimos del Rabino, y nos dirigimos a la residencia de mi hermana. Tuve la impresión esa noche de que algo raro sucedía. Noté que mis dos tías se dirigían constantemente a mi hermana, sin consultar absolutamente nada conmigo.

Opté por despedirme y les pregunté cuándo regresarían a Nueva York. Respondieron que lo harían el domingo. Les dije: «Bueno, espero despedirme de ustedes, llámenme por teléfono para acompañarlas al aeropuerto». Nunca llamaron, y nunca pude imaginar que después se reunirían secretamente con el Rabino.

Regresamos al apartamento de la difunta, donde la empleada doméstica nos estaba esperando. Le expliqué la necesidad de prescindir de sus servicios debido a que tal vez nos mudaríamos a ese lugar. Ella lo entendió todo y quiso marcharse esa misma noche. Recogió sus pocas pertenencias y se marchó. Mi esposa se notaba muy cansada. Preparó algo de comer y nos sentamos en la sala. Le dije que había que tomar la determinación de mudarnos o quedarnos en nuestro apartamento. Ella respondió: «Veremos». Yo hubiera querido una respuesta definitiva, pues siempre he sido partidario de que, cuando hay que tomar decisiones importantes, el tiempo no espera.

IV

LAS JOYAS NO APARECEN

El diamante es valioso aunque se encuentra en un montón de basura.

El lunes 28 de marzo llamé a mi trabajo para informarle a la Principal de la escuela que estaría ausente por varios días. Ella me contestó que no me preocupara, pues entendía perfectamente mi situación.

A eso de las nueve de la mañana, Blanca y yo nos dirigimos al Cuartel General de la Policía para sostener una reunión con el Director del Negociado de Investigaciones Criminales, el coronel Héctor M. Lugo. Pasamos a su despacho y nos identificamos. Él nos dijo que como no había recibido los informes preliminares de los investigadores ni el protocolo de la autopsia del médico forense, no sabía si se trataba de un asesinato o de una muerte natural.

Cuando le pregunté si había tenido la oportunidad de examinar las fotografías que tomó la Policía en el lugar de los hechos, me dijo que no. Le expliqué detalladamente la forma en que apareció el cuerpo. Y él me repitió que como no tenía ninguno de los informes no podía emitir juicio alguno. Hacía exactamente una semana que Jacqueline Kane había fallecido, y este señor, el jefe de la unidad especializada en investigaciones criminales, no sabía nada del asunto. Optamos por irnos. Pude percibir que allí no se resolvería nada.

Cuartel de la Policía en Puerto Rico.

Días más tarde, regresé a la escuela a dar clases. La Principal me llamó a su despacho para informarme que la Facultad y los estudiantes habían hecho una colecta de dinero para mí. Recuerdo haberle dicho: «Por favor, mande esa contribución a la Ciudad del Niño». Y así se hizo, en memoria de Jacqueline Kane.

Para mí aquél fue un día difícil para enseñar, pero los estudiantes entendieron perfectamente la situación. La verdad fue que estaba ansioso de que llegaran las tres de la tarde para salir. Recuerdo que ese día se me acercó un compañero y me dijo: «Oye, Kane, déjame llevarte a tu casa».

Algunos días después hubo necesidad de conseguir el informe del patólogo forense para que nuestro abogado pudiera hacer unos trámites legales. Fui a buscarlo al Instituto de Medicina Legal. La secretaria de aquella oficina me entregó un sobre sellado que abrí allí mismo para leerlo inmediatamente. En la primera página, el documento decía: «Causa de la muerte no determinada, posible shock cardiogénico». Le pregunté si el patólogo estaba disponible, pues quería hacerle algunas preguntas. Ella me hizo pasar a la oficina del médico forense, el doctor Rafael Criado. Recuerdo que este fue el diálogo que sostuvimos:

–¿Podría decirme usted a consecuencia de qué murió la señora Jacqueline Kane? Porque en su informe dice «muerte no determinada, posible shock cardiogénico». Es más, en la página número tres del protocolo usted menciona una «posible enfermedad hipertensiva del corazón». ¿Puedo entender que su apreciación es puramente especulativa? Además, le puedo asegurar que la señora Kane nunca tuvo un historial de problemas cardiogénicos.

–Bueno señor Kane, cualquier cosa pudo haber sucedido allí.

–¿Y qué me dice usted de un posible estrangulamiento?

–No hay evidencia de eso.

–¿Y de un asalto? Donde la persona muere... ¿Cómo clasifica usted esto: como un asesinato o como una muerte natural?

Me di cuenta de que el conocido médico forense no quería seguir la conversación. De repente se presentó la secretaria para notificarle que él tenía una llamada urgente. Me despedí de él y de aquel edificio oloroso a formalina.

Certificado de defunción de Jackeline Kane.

Como ya se había recibido el protocolo de la autopsia que señalaba que Jacqueline había fallecido de muerte natural, sabíamos que la Policía iba a cerrar el caso. Fue entonces que decidimos escribirle una carta al Gobernador de Puerto Rico, Honorable Carlos Romero Barceló. Parte de la carta leía así:

«A pesar de la causa que se señala en el acta de la autopsia, existen circunstancias, datos y detalles en torno a este suceso que nos conducen a señalar que la muerte de nuestra señora madre no fue de causa natural. Nos dirigimos por este medio para una solicitud de audiencia con súplica de que se ordene una nueva y detallada investigación. Agradeciendo profundamente que se nos conceda

Dr. Rafael Criado, Instituto de Medicina Legal.

Foto: Juan Rivas. Propiedad del Sistema de Bibliotecas Recinto de Río Piedras de la UPR.

Todos los derechos reservados.

una entrevista, y que se ordene que se tome en el caso la acción indicada, quedamos de usted».

Los días iban pasando, y las vacaciones se estaban aproximando para mí. Al finalizar el mes de mayo, leí en un rotativo de la capital (El Vocero): «Agentes del Negociado de Investigaciones Criminales recuperan prendas valoradas en $100,000 en varias joyerías».

Supuestamente el registro vino a consecuencia de que varias personas que se habían quejado a la Policía del robo de prendas alegaban haberlas visto e identificado en unas joyerías.

Al día siguiente, decidí ir hasta el Cuartel General de la Policía. Albergaba la esperanza de identificar algunas prendas que le habían hurtado a mi madre; entre ellas, una estrella de David bastante antigua y reconocible para mí[7]. Llegué al Cuartel. Me indicaron la oficina donde estaba la División de Delitos contra la Propiedad. Allí un agente se me acercó, y le dije que era el hijo de

---

[7] Todos los diamantes venían por correo desde Nueva York y llegaban directamente al Viejo San Juan, donde Jacqueline Kane tenía un buzón. Eran de Harry Winston, la distribuidora de diamantes sueltos más grande del mundo que hoy pertenece a Aber Diamond Corporation.

Jacqueline Kane. Se sorprendió. Le informé que estaba interesado en mirar las prendas que habían ocupado en las joyerías. Me hizo pasar a una oficina contigua donde había dos mostradores pequeños. Inspeccioné las joyas desplegadas. Para sorpresa mía, lo único que pude observar fueron unas cadenitas, unas pantallitas y un reloj que ni siquiera era de oro. En fin, dejaré al lector que llegue a sus propias conclusiones.

Le pregunté al agente si esas eran las prendas que supuestamente la Policía había valorado en $100,000. Le mostré el periódico en cuestión. Acto seguido, él llamó a otro agente. Éste me explicó secamente que la mayor parte de las prendas obtenidas en el allanamiento habían sido recuperadas por sus dueños.

Le pregunté a este agente si él había participado en ese allanamiento, pero no quiso responderme. Me preguntó si había encontrado lo que buscaba. Le contesté: «No señor». Fue en ese momento que me di cuenta de que aquella persona mentía hasta más no poder. Le pregunté si la Policía tenía a su disposición un tasador. Me preguntó: «¿Para qué?». Yo le contesté: «Para nada». Ni siquiera me había preguntado qué era lo que yo andaba buscando.

Salí del cuartel. Luego llamé al periodista que había publicado la noticia. Él me dio un dato sumamente interesante: el allanamiento en cuestión se había practicado por la noche. Ahora yo empezaba a entender mejor cómo se estaba trabajando allí.

V

CHAPUCERÍA

Si la montaña no viene a Mahoma, Mahoma va a la montaña.

Un día, por la tarde, en el buzón del apartamento del Condado apareció un telegrama:

«Tendré mucho gusto en recibirles en mi oficina en Fortaleza, el día 17 de junio a las 10:00 A.M. De surgir cualquier inconveniente, mi ayudante los atenderá, gracias. C.R.B.»

Tenía mucho trabajo pendiente, ya que estaba finalizando el curso escolar. Estaba preparando notas, informes, listas de estudiantes y demás. Como cosa curiosa, recuerdo que en el examen final había redactado la siguiente pregunta: ¿Cuáles son los tres estados del agua? Como todos sabemos, la contestación debía ser: líquido, sólido y gaseoso. En uno de los exámenes, un estudiante con mucha chispa nombraba tres estados de la Unión.

Ya por fin estaba de vacaciones. El día 17 de junio mi esposa y yo fuimos a la cita. Llegamos a eso de las nueve y media a La Fortaleza. Primero pasamos a una amplia sala de espera. Momentos después, una ayudante especial del Gobernador nos atendió en su oficina.

-¿Dígame señor Kane, en qué podemos ayudarle?

-¿Está el Gobernador disponible?

-No, yo voy a atenderlo personalmente, ya que el Gobernador está inaugurando una nueva cárcel, por la isla.

Dijo que estaba enterada del asunto. Yo le expliqué mi interés en que la Policía reabriera el caso del asesinato de Jacqueline Kane. Ella me dijo: «Bueno, voy a llamar al Superintendente de la Policía para que sea él quien lo atienda». Llamó por teléfono y se comunicó con el señor Desiderio Cartagena.

Tras acordar la fecha y la hora de la reunión, nos despedimos. La entrevista no había durado ni diez minutos.

De regreso me detuve en el periódico *El Nuevo Día*. Estaba interesado en hablar con algún periodista. Por suerte, conseguí uno; pues durante el

Desiderio Cartagena.

día casi nunca se encuentran debido a que cubren noticias en la calle. Califiqué de superficial y chapucera la investigación que había practicado la Policía de Puerto Rico. Señalé que la autopsia que practicó el forense estaba llena de interrogantes: "un shock cardiogénico" era una generalidad que podía significar una amplia variedad de trastornos del corazón.

Al día siguiente nos dirigimos nuevamente al Cuartel General. Subimos hasta las oficinas del Superintendente. La secretaria nos informó que en algunos minutos él estaría disponible. Nos preguntó si queríamos café, llamó a otra empleada y nos trajeron café con algunas galletitas. Al cabo de diez minutos nos pasaron a la oficina del señor Desiderio Cartagena. Cuando le expliqué la razón de nuestra visita, Cartagena me replicó:

-Señor Kane, no tengo conocimiento del caso debido a que asumí la Superintendencia hace muy poco tiempo. (Parece que este señor nunca había estado en la Policía de Puerto Rico.) Déjeme llamar al coronel Lugo, para que sea él quien les informe.

Acto seguido cogió el teléfono. A los pocos minutos hizo su aparición el coronel Héctor M. Lugo, acompañado de otros agentes. Directamente nos lanzó esta advertencia:

Coronel Héctor M. Lugo.
Foto: Eddie Figueroa. Propiedad del Sistema de Bibliotecas
Recinto de Río Piedras de la UPR. Todos los derechos reservados.

-Miren señores, no voy a dejar que me presionen desde Fortaleza.

-Estoy aquí para hablar sobre el caso de Jacqueline Kane- insistí yo.

Cogió una silla y se sentó con el espaldar hacia nosotros. Consideré que era una falta de respeto sentarse de esa forma, máxime cuando había dos damas presentes.

Reconocí que uno de los personajes era el coronel Enrique Sánchez de la Fuerza de Choque de la Policía (no entendí la razón de su presencia allí). Durante la entrevista estuvo recostado de una pared, escuchando nuestra conversación.

No llegamos a entender la actitud del Superintendente. Había desaparecido de sus oficinas como por arte de magia.

El coronel Lugo nos dijo que había recibido un informe del patólogo forense que señalaba que la muerte de Jacqueline Kane se debió a causas naturales. Le respondí que nadie muere de muerte natural detrás de unos zafacones de basura y que no había que ser un gran investigador graduado de la Academia del FBI, o de Scotland Yard, para poder entender lo que había sucedido. Hasta un niño podía comprender aquello. A insistencia mía, vino con la tesis de que alguien pudo haberla asaltado. Le pregunté: «¿Pero esto fue un asesinato o no?». Me dijo que no sabía si el asalto en cuestión había ocurrido antes del fallecimiento o después, porque de acuerdo con la teoría del forense ella había fallecido de causas naturales (shock cardiogénico).

Empecé a molestarme con el coronel Lugo, porque, según él, los agentes habían hecho una investigación detallada.

Finalmente, quiso saber si yo tenía tiempo disponible. Le dije que sí, porque estaba de vacaciones. Propuso entonces que yo acompañara a un agente de su División para que juntos hiciéramos la investigación. Prometió avisarme. Todavía hoy, más de treinta años después, estoy esperando el aviso.

Terminamos la reunión. Salí muy disgustado por la forma en que la Policía estaba manejando el caso.

VI

¡NO ERAN MIS PADRES!

Tarde o temprano todo se sabe.

Decidimos dejar nuestro apartamento y mudarnos al que había sido de mi madre en El Condado, que era mucho más grande y cómodo. Además había que empezar a clasificar las pertenencias de mi madre y a disponer de algunas de ellas.

El abogado que habíamos contratado me telefoneó porque necesitaba unos papeles para poder atender a los acreedores de la difunta. Ella siempre andaba con una libreta donde llevaba todo apuntado. Cosa curiosa, un buen número de personas le debían dinero; pero, claro, nunca se presentaron.

El día de la mudanza fue problemático. No sabía cómo iba a acomodar tantas cosas. Pero lo logramos. Llamé a mi hermana Eliane para que, si quería, se llevase algunas cosas. A los pocos días nos quedamos solamente con nuestro mobiliario.

Finalizando el mes de abril, decidí empezar a clasificar los papeles. Le pedí a Blanca que me ayudara. Empezamos por el cuarto de dormitorio donde había unos cuantos roperos. Los abrimos todos para que se airearan. Sacamos varias cajas de cartón donde encontramos recibos, papeles y muchas fotografías de toda la familia. Recuerdo que algunas de ellas las había visto previamente. Aparecían algunos de los parientes que habían sido llevados a campos de concentración y exterminados por los nazis.

Aquello resultó un proceso sumamente lento: examinar minuciosamente papel por papel. Encontré unas cuantas fotografías que nunca había visto, de cuando yo era niño.

Detrás de una de las cajas de cartón mi esposa encontró un sobre de manila bastante grande y abultado. Por lo visto, había estado escondido allí durante muchos años. La parte posterior estaba sellada con lacre. (Supongo que no había sido abierto anteriormente.) Le dije a Blanca que lo abriera, mientras yo verificaba otras cosas. Así lo hizo. Dentro había algunos documentos escritos en francés. Me los pasó para que los examinara. Me percaté de que en uno de ellos había un acta de nacimiento que hablaba de un tal Charles

Joseph Goldmann. No entendí qué tenía que ver el apellido Goldmann con el de Kane. Entonces leí lo siguiente (traducción libre del francés):

«El 26 de mayo de 1942 nació en Bruselas Charles Joseph, hijo de Celli Goldmann, nacida en Esch-Sur-Alzette (Gran Ducado de Luxemburgo). El 13 de mayo del corriente año (1948) fue inscrito con el nombre de Charles Joseph Kahn en el tribunal de primera instancia de Bruselas, Bélgica. Por haber sido adoptado por los esposos Kahn, el adoptado solamente podrá llevar el apellido Kahn, sin agregar el apellido Goldmann. Dado en Bruselas, Bélgica, el 19 de mayo de 1948».

Volví a leer el documento un par de veces más. Sentí que mi cuerpo empezaba a temblar. Fue una experiencia desagradable, traumática, saber en aquel momento que mi madre no fue mi madre, y que mi padre no fue mi padre.

Jamás Henri (mi padre adoptivo) me había hablado del asunto, ni siquiera lo hizo cuando se encontraba en su lecho de muerte unos cuantos años antes.

Había también en aquel sobre una fotografía a la cual Jacqueline había borrado el apellido "Goldmann" y puesto "Kahn". No podía creerlo. En esa foto yo tendría alrededor de tres años.

ROYAUME DE BELGIQUE

3216/7.-

PROVINCE DE BRABANT   ARRONDISSEMENT DE BRUXELLES

COMMUNE DE

SCHAERBEEK

Extrait du registre aux actes de naissance.-

ANNÉE 1942 N° 231.-

Le vingt six mai mil neuf cent quarante deux, à Schaerbeek, est né: Charles Joseph, fils de Celli Goldmann, née à Esch-sur-Alzette (Grand Duché de Luxembourg).-------------------- En marge de cet acte figure la mention suivante:------------ Le treize mai courant, a été transcrit à Woluwe Saint Lambert l'acte dressé par le notaire Charles Delporte de Bruxelles, le vingt neuf novembre mil neuf cent quarante sept, homologué par le Tribunal de première instance séant à Bruxelles le -- vingt mars mil neuf cent quarante huit, par lequel Charles - Joseph Goldmann, dont l'acte de naissance est ci-contre, a - été adopté par les époux Henri Kahn, Gitla Klejn. L'adopté - portera dorénavant le nom patronymique de Kahn, sans l'ajout à son nom propre. Schaerbeek, le dix neuf mai mil neuf cent quarante huit. L'Officier de l'Etat civil (signé) A. Le Roux --

DROITS PERÇUS

fr 30.-

DOCUMENT ETABLI PAR

Pour extrait conforme

Schaerbeek, le 27 mars 1950.-
L'Officier de l'Etat civil.

Acta de nacimiento que menciona la adopción de Charles Joseph.

Sentí algo así como si todo el edificio se estuviera desplomando sobre mí. Volví a decirle a Blanca que aquello era imposible. Estaba excitado, confundido y desorientado. Tuve que tomarme un calmante y recostarme un rato en la cama, con la carta en mis manos.

A eso de las nueve de la noche, decidí llamar a mi hermana Eliane. Le dije que viniera inmediatamente a hablar conmigo. Me preguntó qué estaba pasando. Yo le contesté que se lo explicaría cuando llegara a casa. Al rato, ella llegó con Eduardo.

De izquierda a derecha Henri, Jacqueline y Charles. Al frente, Eliane Kahn y atrás una amiga de la familia.

Nos sentamos a la mesa y le mostré el certificado de adopción. Ella no dijo ni una palabra. Le pregunté si alguna vez nuestra madre le había hablado de aquello. Nada, ni una mueca, ninguna expresión hubo en su rostro. Quedé convencido de que ella tenía conocimiento de la adopción hacía mucho tiempo.

No podía entender por qué mis padres adoptivos no tuvieron la suficiente franqueza para comunicarme algo tan importante como aquello. Para mí, no importaba en qué circunstancias se adoptara a un niño, no debía haber impedimento para informarle de la adopción. Era consciente de que existía el dilema de cuándo hacerlo, pero definitivamente estaba convencido de que siempre se encontraría el momento apropiado.

Unos años después, una amiga me preguntó algo sobre un caso de adopción y le recomendé que le dijera la verdad al niño. Así se evitaría unos cuantos problemas en el futuro.

Es cierto que no todo el mundo tiene una fortaleza similar. Después de la Segunda Guerra Mundial, muchos niños que habían sido adoptados, al saber que sus padres habían muerto, se suicidaron.

Poco tiempo después Eliane se despidió de nosotros, sin que yo hubiese podido lograr obtener alguna información de parte de ella.

Decidí hacer una llamada telefónica a mi tía Marie en Nueva York. Tuve que esperar varios timbrazos debido a que era tarde en la noche. Le pregunté que si todo estaba bien, y ella me contestó que sí. Entonces ella me preguntó a qué se debía la llamada a aquella hora de la noche. Acto seguido le pregunté si conocía a un tal Charles Joseph Goldmann. Parece que la pregunta fue una especie de puñalada, porque no se oyó absolutamente nada desde el otro lado del teléfono. Después de la larga pausa, me contestó que no conocía al tal Goldmann, pero que sí conocía a Kane. Le dije que ese no era el momento de decir tonterías y que empezara a hablar del asunto.

Ella rehusó hablar del tema por teléfono. Yo respondí que le haría una visita a principios del mes de julio. Ella me replicó que no sabía si estaría en New York en esa fecha, pues pensaba irse de vacaciones. Entonces le propuse que fuera ella quien me dijera cuándo yo podría visitarla.

La mañana siguiente llamé a la Comunidad Judía para concertar una cita con el Rabino, que entonces era Martín I. Sanberg. Cuando llegué, él me invitó a pasar a su despacho. Me dijo que sabía exactamente a qué yo había ido, lo cual me sorprendió grandemente. Me explicó que mis tías ya habían hablado con él sobre el asunto. El Rabino tenía bastante conocimiento de la situación de los judíos en la Segunda Guerra Mundial. Me explicó que en Bélgica, todos los niños judíos que habían sido escondidos, fueron recogidos por la Comunidad Judía al finalizar la Guerra y puestos en orfanatos. Si alguna familia interesaba adoptar un niño, tenía que ir a ese sitio. Los restantes niños, los que no tenían posibilidad de ser adoptados, formarían parte del Nuevo Estado Judío (Israel).

Entonces yo le hice unas cuantas preguntas sobre mis padres biológicos. Él me dijo que tenía que hablar con mis tías, pues no podía ayudarme en ese sentido.

VII

MÁS PREGUNTAS QUE RESPUESTAS

Haz lo que debes y deja venir el resultado.

A principios de julio de 1977, fui a Nueva York a reunirme con mis tías. Ambas vivían en Queens; pero me dirigí a casa de Marie, pues entendía que con ella se podía conversar mucho mejor que con Paula.

Marie me recibió, y le expliqué que la visita no era del todo social. Lo entendió perfectamente. Le dije que había revisado todos los documentos de mi adopción y quería que me informara quiénes eran mis padres biológicos.

Primero me dijo que no había necesidad de indagar sobre mi pasado. A su entender uno sólo debía vivir el presente. Después interrumpió la conversación para hablar con Paula, quien llamaba por teléfono en ese momento. Seguimos nuestra conversación, pero noté que ella no estaba muy dispuesta a hablar conmigo. Entonces empecé a confrontarla. Le dije que Sam, su marido, había sido testigo de la adopción, pero que como estaba muy enfermo, yo prefería conversar con ella.

Más adelante le informé que tenía documentos en mi posesión, por si ella quería verlos. Entonces ella empezó a reaccionar poco a poco. Me dijo que Jacqueline no había podido quedar encinta, por lo que decidió adoptar un niño.

Marie y Paula, hermanas de Jacqueline.

Le pregunté si sabía qué le había sucedido a mis padres biológicos. Contestó que no lo sabía, pero se le escapó decir que yo tenía dos hermanas. A lo mejor pensó que en el archivo que yo llevaba de San Juan se mencionaba algo de aquello. Entonces quise saber si Jacqueline me había adoptado sabiendo de la existencia de mis hermanas. Me dijo que sí. Cuando le pregunté por qué lo había mantenido como un secreto, me dijo que no lo sabía. «Pero lo cierto es que ustedes lo sabían», afirmé yo. Mi tío Sam en ningún momento participó en la conversación porque estaba encamado en una habitación en la planta alta de la casa. A base de las preguntas y las respuestas que vinieron después, pude captar que efectivamente ellos no conocían la identidad de mi verdadera familia ni los detalles de aquella enigmática historia.

Finalmente, le pregunté cómo había sido posible que ella y su hermana hubiesen sobrevivido durante la Guerra en Bélgica. Me contestó que fueron escondidas por ciudadanos belgas a quienes les pagaban. Ese mismo día fui a ver a mi tía Paula y también hablé del asunto con ella.

Regresé a San Juan. Me dije a mí mismo que si había empezado aquella investigación, iba a terminarla. Era consciente de las limitaciones que existían, pues se trataba de unos hechos que habían ocurrido 35 años antes.

Mientras yo estaba en Nueva York, mi esposa pudo revisar la documentación restante que manteníamos en nuestra casa. Por suerte, encontró el certificado de nacimiento de Celli Goldmann, un documento que mis padres adoptivos, los esposos Kane, habían obtenido a través del tribunal para satisfacer los requisitos de la adopción.

El documento revelaba que mi madre biológica había nacido el 2 de mayo de 1916 en el pueblo de Esch-Sur-Alzette que queda en Luxemburgo (cerca de Bélgica). No podía entender por qué después de tantos años mi madre guardaba toda aquella documentación. Lo cierto es que pudo haberlo botado todo. Legalmente no hacía falta. ¿Acaso pensó que algún día, antes de su muerte, me diría toda la verdad? Analizándolo hoy con mayor detenimiento, creo que fue por

Celli Goldmann.

miedo, y que ella y sus hermanas habían hecho un cerrado pacto de silencio. Supe, mucho tiempo después, que uno de mis primos desconocía totalmente aquel hecho.

Yo tenía la esperanza de que el Rabino pudiera arrojar luz sobre la adopción, así que concerté una cita para verlo en su oficina. Le dije que mi tía Marie me había confesado que yo tenía, además de mi hermana en Puerto Rico, otras dos en algún lugar. Eso lo sorprendió de veras, porque mis tías no se lo habían comunicado.

Le dije que iba a empezar una investigación sobre el particular. Él me pidió que cogiera las cosas con mucha calma (lo noté con cierto pesimismo) porque se trataba de un hecho que había ocurrido mucho tiempo antes y las probabilidades de encontrar a otros familiares eran muy remotas.

Existía la posibilidad de que otro matrimonio pudiera haber adoptado a mis dos hermanas. Por lo tanto, el apellido de Goldmann no aparecería. La otra posibilidad era que estuvieran en Israel. En definitiva, había más preguntas que respuestas.

Llegamos a la conclusión de que si Jacqueline tenía conocimiento previo del asunto, y que si la adopción se había efectuado en un tribunal, era lógico pensar que mis otras dos hermanas hubiesen sido adoptadas por una familia, o quizá dos, de Bélgica. Por lo menos, yo tenía en mi poder el acta de nacimiento de Celli Goldmann. Pensamos en las organizaciones que podían ayudarnos en aquel tipo de búsqueda. El Rabino consultó unos libros que tenía en su oficina, y me dio varias direcciones de entidades judías que se dedicaban a la búsqueda de familiares desaparecidos.

Como mis vacaciones llegaron a su fin, regresé a enseñar. Pero no podía dormir de noche. Estaba nervioso, fumaba en exceso y no comía tranquilo. En fin, había desarrollado una obsesión y me intrigaba la actitud de mis parientes adoptivos.

VIII

POR POCO ME DESMAYO

Soportar y perdonar es buena filosofía.

No podía entender entonces, ni puedo entender aún, por qué mantuvieron en secreto mi adopción durante treinta y cinco años. ¿Acaso no era lógico pensar que si guardaban los documentos durante tantos años, algún día se descubriría la verdad?

Pensé en aquel momento que el asunto de la adopción debía verse desde dos perspectivas distintas. Era problemático para aquellos que habían adoptado, tanto como lo era para los que habían sido adoptados. Entonces, «¿por qué se le debía esconder el hecho de la adopción al niño adoptado?», me preguntaba yo.

A principios de agosto escribí unas cuantas cartas a varias organizaciones judías, entre las cuales estaban la Comunidad Judía de Bruselas y el Instituto Yivo de Investigaciones Judías con sede en Nueva York. Esta última institución, a su vez, se comunicó con otras organizaciones que tenían lazos con la Cruz Roja Internacional en Suiza.

Lo único que me quedaba por hacer era esperar pacientemente. A fines de agosto recibí una carta de la Comunidad Judía de Bruselas en la cual me informaban que habrían de iniciar una investigación del caso.

Fue durante ese tiempo que empecé a notar cierto distanciamiento entre mi hermana Eliane y yo. Ella no entendía por qué yo, que era su único hermano, hacía todas aquellas gestiones. Supe que en todo momento ella mantuvo una estrecha comunicación con mis dos tías de Nueva York. Pienso que si ellas no se hubieran inmiscuido en el asunto, los problemas entre mi hermana y yo se hubiesen superado fácilmente.

Como el distanciamiento entre Eliane y yo persistía, me comuniqué con el Rabino para concertar una cita y explicarle el problema. Me dijo que iba a hablar con mi hermana, para orientarla. Desgraciadamente, parece que la orientación de mis tías fue mucho más fuerte en ese asunto.

Me reuní varias veces con Eliane y mi cuñado Eduardo. Les pedí que aceptaran las cosas como eran y que no se dejaran influir por otras personas que ni siquiera vivían en Puerto Rico. Parece que esos razonamientos tampoco surtieron efecto.

Los días transcurrían rápidamente. Iba a la escuela y lo primero que hacía al regresar era abrir el buzón, cosa que nunca había acostumbrado hacer. Por fin el 5 de septiembre hallé una carta del Servicio Social Judío. Con el nerviosismo que tenía, ni siquiera la abrí por la parte posterior, sino por el lado. Al leerla por poco me desmayo. Decía así:

Estimado señor Kane:

Contesto su carta de agosto de 1977. Tenemos el gran privilegio de informarle que hemos encontrado a sus dos hermanas, Astrid y Madeleine Goldmann. Ambas residen en Bruselas. Me he comunicado personalmente con Astrid, quien le escribirá una carta.

Es para nosotros un placer haberle servido,

Sinceramente,
K. Zeilinger

Puedo asegurar que me resulta imposible describir lo que pasó por mi mente. Sí sé que cuando le mostré la carta a Blanca, empezamos a llorar.

No podía entender por qué me mantuvieron separado de mis hermanas; ¿por qué a unos niños los mantuvieron unidos y a otros no? ¿Cuál sería el motivo de la separación? Tenía tantas y tantas preguntas, pero ninguna respuesta. Recuerdo que mi Blanca tuvo que darme un calmante, que creo no me hizo mucho efecto. Los pensamientos me perturbaron durante toda la noche. Al día siguiente no fui al trabajo porque no estaba en condiciones de enseñar. Pasé una buena parte del día acostado. ¡No podía creerlo!

Al regresar de su trabajo, Blanca abrió el buzón y allí estaba la carta de mi hermana Astrid. La abrimos. Lo primero que notamos fue la pequeña fotografía que había en el lado superior izquierdo. La carta, redactada en inglés y a maquinilla, leía así:

Mi querido Charles:

A través del Servicio Social Judío, en Bruselas, recibí una fotocopia de tu carta en la cual preguntas si tienes dos hermanas. Soy Astrid de 37 años. Tu otra hermana, Madeleine, también reside en Bruselas. Ahora, después de 35 años, por fin nos hemos encontrado. No puedes imaginar la alegría que nos has dado.

Empezamos tu búsqueda en 1968. Ahora entendemos lo que pasó. Espero que estés recobrado del shock. Sé que a medida que pase el tiempo te sentirás mejor.

Esta carta está redactada en inglés porque no sé escribir en español. ¿Sabes leer el francés?

Esperamos oír de ti muy pronto.

Notamos que ella no había firmado la carta. Luego, cuando se la enseñé en Bruselas, me dijo que estaba tan nerviosa que hasta se le había olvidado firmarla.

Como había recibido esta carta un viernes por la tarde, inmediatamente fui a las oficinas de la ITT que ubicaban en la Avenida Ponce de León. Le envié el siguiente cable:

Mi querida hermana Astrid, he recibido tu carta. Llámame el domingo a las 9:00 A.M. hora de Puerto Rico, al teléfono 721-2463. Hablo francés. Tu hermano, Charles.

ASTRID GOLDMANN
1080 Brussels, September 6, 1977,
boulevard Léopold II, 252

Dear Charles,

Through the Jewish Social Service in Brussels, I received photocopy of your letter in which you inquired if you had two sisters. I am Astrid, 37 years old, residing in Brussels, at the above address. My sister Madeleine also lives in Brussels.

Now, after 35 years - such a long time - we have found one another. You cannot imagine how happy and pleased I was to receive your letter. Since 1968, I have made inquiries about you, and the last address which I got from the Belgian Embassy in Venezuela was your address in this country. I wrote there, but never received any reply. Now, after reading your letter, I can understand what happened. I wish to thank your aunt for having told you all the facts. My dear Charles, I hope you will recover from the shock you have had. As time goes by, it will pass off.

As for me, I was married in 1968 and have a little boy who will be 7 years old in December (enclosed a photo). My husband works in a bank, and I am working as switch-board operator in another bank.

Should you wish to hear more about the past, I shall let you have all particulars available to me.

I am now closing my letter. I would very much like, with your permission, to go on corresponding with you. If you like, my next letter will be longer. As I do not know sufficiently the English language, I had to have this one translated. Perhaps, you know French ? It would be easier for me.

Hoping to hear from you again soon, I am, with kind regards,

Carta original de Astrid, en inglés.

El sábado por la mañana llamé a mi hermana Eliane para informarle sobre el asunto. Ella vino a mi casa y nos sentamos acompañados de Blanca y Eduardo. Les mostré la carta de mi hermana Astrid. Eliane se puso lívida, pero no hizo comentarios. Sin embargo, noté que Eduardo se pasó una de sus manos por ambos ojos. Estaba llorando.

Leí la carta. Eliane me preguntó qué yo iba a hacer. Le dije que esperaba una llamada de Astrid esa mañana, y que la mantendría al tanto de la situación. Eliane alegó sentirse indispuesta y se marcharon.

Entendí que nuestro distanciamiento se iba haciendo cada vez mayor. ¿Cómo podría yo resolver aquel terrible conflicto?

IX

UN VIAJE HISTÓRICO

Son fáciles las cosas que se hacen con voluntad.

Al día siguiente mi hermana Astrid me llamó desde Bruselas. Conversamos en francés, idioma que yo hablo perfectamente. Lo primero que me preguntó fue: «¿Cuándo vendrás a vernos?». Le dije que lo haría lo antes posible. Me pidió que le escribiera una carta larga en la que le diera más detalles. Madeleine, en la otra línea del teléfono, empezó a hablar también. La alegría era tan grande que aquellas cosas que queríamos saber no las hablamos. Pero al fin se iba a desenredar una historia de profundo dolor humano. Toda historia tiene acontecimientos particulares, y ésta no era la excepción.

Les escribí una carta larga en la cual les preguntaba, entre otras cosas, si conocían la razón para que nos separaran por tanto tiempo. En las cartas que yo recibía notaba que no había una explicación clara de aquello.

Le pedí a Blanca que, como las Navidades se estaban acercando, y yo estaba ansioso por conocer a mis hermanas, fijásemos nuestro viaje a Bélgica para diciembre. Así lo acordamos. Llamé a mis hermanas a Bruselas para comunicarles los planes. Inmediatamente me dijeron que no hiciera arreglos en ningún hotel porque podíamos quedarnos en casa de Astrid. Desde ese momento empezamos a prepararnos para aquel viaje histórico.

Ya la segunda semana de diciembre de 1977 habíamos terminado todos los preparativos. Por fin, el día 23 nos dirigimos al aeropuerto de Isla Verde.

Recuerdo una anécdota curiosa que tuvimos mientras estábamos sentados en la sala de espera para abordar el avión. Un empleado de la American Air Lines se nos acercó. Quería ver nuestro boleto. Después nos dijo: «Se los cambio por éstos que son de primera clase». Le pregunté: «¿Pero puede usted hacer eso?» Entonces me contestó: «Claro, yo soy el Director del vuelo». Mi esposa me miró de manera extraña. De repente se oyó una voz: «American anuncia su vuelo 697 a la ciudad de Nueva York; favor de abordar el avión en estos momentos». Efectivamente, teníamos los asientos 50A y 50B de primera clase. No le pregunté a la aeromoza la razón del cambio. Lo único que pude notar fue que sólo había cinco o seis personas en la sección de primera clase.

Aterrizamos en el Aeropuerto Internacional Kennedy a las 11:30 de la noche. Recogimos las maletas y nos dirigimos al mostrador de Pan American. Allí le mostré a un empleado nuestros boletos y le pregunté si podían guardarnos el equipaje hasta la mañana siguiente. Él nos contestó que no; adujo que no había sitio disponible. Empecé a discutir con él, pero rápido me di cuenta de que no llegaríamos a un acuerdo. Optamos por llamar a un taxi y nos dirigimos al Hotel del Aeropuerto. Yo estaba tan cansado y nervioso que no pude dormir. Me quedé recostado en la cama. Por si acaso, llamé al vestíbulo para informarles que nos avisaran a las diez de la mañana.

Temprano el día siguiente llamé a mis tías para informarles sobre mi viaje a Bruselas. Ellas estaban molestas y no se mostraron inclinadas a hablar. Pero Charles, el marido de Paula, se puso al teléfono para decirme que su hermana también vivía en Bruselas y que le preguntara sobre mi pasado. Yo le dije: «¿Ahora es que me vienes a decir eso? Es la primera vez que te oigo hablar del asunto». Empezó a discutir conmigo. Entonces le dije: «Sí, sí... hasta luego».

Yo estaba sumamente molesto con mis parientes adoptivos de Nueva York. Por eso el mundo estaba como estaba. Eran personas que se sentían seguras y, sin pensar en los demás, evitaban cualquier situación que les perturbara.

¿Cómo era posible que tras haber sido perseguidos (ellos también vivían en Bélgica durante la

Guerra), se convirtieran en cómplices de un terrible secreto guardado? ¿Acaso se habían olvidado del Holocausto?

Llamé una limosina para que nos condujera al Aeropuerto. Allí abordamos el vuelo 100 de Pan American Arlines que haría escala en Londres.

Pensé en mil cosas. ¿Cómo sería el encuentro de tres hermanos que estuvieron separados durante 35 años? ¿Cómo reaccionarían ellas en el momento del encuentro?

Casi no comí en el avión. Se me había formado un nudo en la garganta. Ya Londres estaba a la vista, con sus luces amarillas por todas partes. Aterrizamos. Noté que la mayor parte de la gente bajaba. Hicimos una escala muy corta, quizás de algunos quince minutos. Recuerdo que le dije a la aeromoza que me trajera un whisky doble. Estaba totalmente atribulado. Me levantaba y me sentaba. La aeromoza empezó a mirarme de forma rara. Se acercó y me preguntó si algo me estaba pasando. Le dije que no. (¡Si ella hubiese sabido!)

Allí estaba la costa belga. El vuelo apenas había durado unos 25 minutos. Pronto, muy pronto, sentiría una sensación que jamás se repetiría en mi vida. Salimos rápidamente hacia la sala de espera. Pude ver un grupo enorme de personas. Alguien empezó a correr rápidamente hacia mí. También yo empecé a correr. Nos confundimos entre lágrimas; era mi hermana Astrid.

Así estuvimos varios minutos, abrazados.

Después abracé a Madeleine, quien era más reservada. Los reporteros presentes tomaron fotografías sin parar.

La primera persona que Astrid me presentó fue a mi sobrino Olivier. «Te presento a tu tío Charles», dijo. «¿Cómo estás tío?», musitó él. Después Astrid me presentó a su esposo François, y a las demás personas presentes.

Las preguntas giraron acerca del viaje.

Después pasamos la aduana belga. El aduanero me hizo señas de que todo estaba en orden.

Volvimos a reunirnos dentro del aeropuerto. Entonces mi hermana Astrid me presentó a un

De izquierda a derecha aparecen Blanca Nieves de Kane (esposa del autor), Charles Kane y sus hermanas Astrid y Madeleine Goldmann, en Esch-Sur-Alzette, Luxemburgo.

periodista: Jacques Limage, del semanario *Le Soir Illustré*. Él me dijo: «Señor Kane sus hermanas me han hablado mucho de usted. Tengo un interés personal en esta historia que trasciende mi papel de periodista. Pero discutiremos eso luego».

Salimos del aeropuerto. Hacía un frío insoportable. Rápidamente Blanca y yo nos subimos al carro del periodista y nos dirigimos a casa de mi hermana Astrid.

Mientras Limage estaba manejando, me preguntó: «¿Qué siente uno después de haber estado ausente durante 35 años?». Le contesté: «La verdad es que uno no sabe ni lo que siente». En ese momento lo único que yo miraba eran las calles típicas de Bruselas y sus avenidas bien iluminadas.

Le pregunté a qué se debía que hubiera tanta iluminación amarilla. Me explicó que el color amarillo tiene un poder más penetrante que hace muy efectivas las bombillas en la bruma.

Llegamos a casa de Astrid y saqué las maletas del carro. Entramos. Era una de esas casas muy antiguas, con plafones altísimos, puertas con mangos de cobre y alfombras de colores brillantes. En la sala noté el fuego de la chimenea. Era un sitio acogedor.

Empezaron a repartir copas, el champagne estaba listo. Brindamos por nuestro encuentro, por nuestra salud, por el día de Navidad, por todo.

Desempaqué algunos regalos que habíamos llevado de Puerto Rico. «Coquito», que aún no se había dañado, algunas latas de Coco López, café y, por supuesto, Ron Barrilito Tres Estrellas.

Estábamos exhaustos. Nos despedimos de todos y subimos al piso superior donde todo estaba listo para que pudiésemos descansar.

El día siguiente era 25 de diciembre. Visitamos la Gran Plaza de Bruselas, con su enorme pino de Navidad encendido. Debajo había un nacimiento vivo. Tras mirar los alrededores de aquel bello lugar, entramos en un café que estaba lleno de turistas. Lo primero que nos sorprendió fue que en el vestíbulo hubiera un enorme caballo disecado.

Después de permanecer un buen rato en ese café, fuimos a visitar una de las estatuas más famosas del mundo, la que simboliza el espíritu independiente de los habitantes de Bruselas. El *Manneken Pis* representa a un niño pequeño orinando dentro del cuenco de la fuente. Según la leyenda, ese niño salvó a la ciudad de un desastre[8].

---

8 Hay varias leyendas tras esta estatua, pero la más famosa es la del duque Godofredo II de Brabante. En 1142, las tropas de este señor de dos años de edad batallaban contra las de los Berthout, señores de Grimbergen, en Ransbeke (actual Neder-over-Heembeek). Las tropas pusieron al infante señor en una cesta y la colgaron de un árbol, para animarse. Desde allí, éste orinaba sobre las tropas de los Berthout, las cuales terminaron perdiendo la batalla.
Otra leyenda cuenta que en el siglo XIV Bruselas llevaba bastante tiempo sitiada por una potencia extranjera. Los atacantes habían

Sin embargo, ese día no se podía ver el chorrito porque el agua estaba congelada.

ideado un plan para colocar cargas explosivas en las murallas. Sucedió que un niño pequeño llamado Juliaanske estaba espiándoles cuando las preparaban. Orinó sobre la mecha encendida y salvó así la ciudad.

X

ESTUPENDO REPORTERO

Cuando hay voluntad, se abre un camino.

Al regresar a casa de mi hermana Astrid, ya Limage nos estaba esperando. Entonces nos sentamos a la mesa para hablar de la investigación y de cómo debíamos empezarla.

Astrid y Madeleine me dijeron que se habían educado en un orfanato católico: el de las Hermanas de la Caridad. Les pregunté cómo había ocurrido aquello. Entonces me contestaron que se trataba de una historia que Mariette-Henriette debía contarme. Ella alegaba que me había visto varias veces en 1943, cuando yo apenas tenía cuatro meses. «Eso es imposible», les argumenté yo. «No, no... déjame llamarla por teléfono para que puedas conocerla», insistió Astrid. Mientras ella llamaba, Limage nos sugirió que hiciéramos un corto viaje a Esch-Sur-Alzette, Luxemburgo, que quedaba a más o menos cinco horas de Bruselas. Según la documentación, Celli Goldmann había nacido allí. Así que pensamos

Jacques Limage.

que aquel era un buen sitio para empezar la investigación. Quizá la llave del misterio estaba en ese lugar, aunque lo único que teníamos en nuestro poder fuera un extracto de un acta nacimiento, y eso era casi nada.

A eso de las siete de la mañana Limage nos vino a buscar. Estaba manejando bastante rápido. Había que llegar antes de mediodía debido a que las oficinas de la Alcaldía cerraban de doce a una de la tarde.

Por primera vez Blanca y yo pudimos contemplar todo el paisaje cubierto de blanco, las casas rústicas de madera y ladrillos, los pinos altos. En fin, era algo fascinante.

Llegamos a eso de las once y media. Nos detuvimos en el estacionamiento de la Alcaldía y empezamos a subir hacia las oficinas que trabajan con los asuntos demográficos. Allí un hombre que estaba detrás del mostrador nos atendió con mucha amabilidad. Tenía el pelo completamente blanco. Me preguntó: «¿En qué puedo servirle, señor?» Le expliqué que yo venía de Puerto Rico

Un empleado de la Alcaldía de Esch-Sur-Alzette, Luxemburgo, trata de recopilar información sobre Celli Goldmann.
(Aparecen también el autor y sus dos hermanas belgas.)

a iniciar una investigación sobre una persona. De inmediato puso interés en el asunto. Le mostré el extracto del acta nacimiento de Celli Goldmann. «Veamos, aquí está el Libro de Registro de 1916, bajo la "G" (pasó una página y otra más)», me dijo. Me aseguró que no había información de Celli Goldmann. «¿Dígame señor, hace mucho tiempo que usted trabaja en esta oficina?», le pregunté yo. «Toda mi vida», contestó él. «Y de acuerdo con su experiencia, ¿qué error, si alguno, pudiera haber en este extracto del acta de nacimiento?», insistí yo. «Bueno... pudiera ser la fecha de nacimiento o, tal vez, que ella no naciera aquí».

A todo esto ya eran las doce del mediodía y el empleado se disponía a salir de su oficina. Le di las gracias. Los cinco salimos de la Alcaldía. De repente me di cuenta de que aquel hombre pudo haber cometido un error. Quizás revisó el libro pensando en el apellido Goldmann sin "d". Ya se encontraba en la acera cuando fui corriendo hacia él para decirle: «Perdone, señor, puede ser que haya un error en el apellido». «Venga a verme a la una y media, por favor», contestó él.

Caminamos a un restaurante y pedimos algo ligero. Le pregunté al mozo si había una guía telefónica. A los pocos minutos apareció con una. Ya

Limage sabía lo que yo tenía en mente. Quería ver si había algunos Goldmann en aquel pueblo, pues pensaba que había alguna posibilidad de tener algún pariente allí. En la guía sólo aparecieron cinco Goldmann. Tomé nota de sus nombres, sus teléfonos y sus direcciones.

A la una y media estábamos de nuevo en la Alcaldía. «Vamos a ver», dijo el empleado. «No, no aparece nada bajo ese nombre». Les pedí a mis hermanas que me dieran sus respectivas actas de nacimiento y se las mostré al empleado. Él las examinó con sumo cuidado y añadió: «Como usted puede ver, si bien es cierto que el documento dice que ella nació aquí, también dice que tenía 27 años, y las actas de sus hermanas son de 1939. Por lo tanto, según esas fechas, ella nació en 1912. Voy a revisar el registro que va de 1911 a 1918». Después de hacerlo, dijo con aplomo: «Nada señor, le puedo asegurar que Celli Goldmann no nació aquí». Entonces le pregunté: «¿Dígame, es posible que ella hubiera vivido en este pueblo?». Él me contestó: «Déjeme llamar a la Policía». Después de conversar por varios minutos, regresó para concluir: «No señor, ni nació ni vivió aquí». En ese momento concluimos que Celli Goldmann había obtenido papeles falsos.

Nos encontrábamos en un café hablando del asunto cuando decidí llamar al primer Goldmann que aparecía en la lista que yo había obtenido de la guía telefónica. Nadie contestó, pero como yo tenía su dirección física, decidimos ir a verle personalmente. No había nadie allí.

Fuimos a otro café, donde hice otra llamada al siguiente Goldmann. «No», me contestó la señora del otro lado del teléfono, «no sé nada de esa historia».

Salimos todos del café. Le pregunté a uno de los transeúntes si había una sinagoga cerca de allí. Me afirmó que sí. Llegamos a la sinagoga, pero estaba cerrada. Toqué en una puerta lateral y la señora que abrió me informó que había un solo rabino en todo Luxemburgo. Le pregunté quién era la persona encargada de la sinagoga cuando el Rabino estaba ausente. Me contestó que era el señor Wolf, quien tenía un negocio de muebles no muy lejos de allí. Llegamos al lugar en pocos minutos. Dio la casualidad que Wolf se disponía a llevar a su esposa al terminal donde tomaría el tren a Bruselas. Su negocio estaba bien concurrido, pero me escuchó atentamente. Por lo visto, la historia que yo le contaba tenía más importancia que un tren o una fila de clientes.

Me dijo: «No, no conozco esa historia en particular; he nacido aquí y pertenezco a la tercera generación de los Goldmann, esa historia no me recuerda nada, pero vamos a hacer algo. Vayamos a la Policía, conozco a todos los agentes. Ellos tienen mucha información». Llegamos al Cuartel a pie, ya que quedaba a pocos pasos de allí. Pude cerciorarme de que eran policías sumamente eficientes y cultos que tenían un vasto conocimiento de la Historia.

Un agente me informó que un tal Abraham Goldmann, nacido en Polonia en 1893, había venido a aquel lugar en 1929, pero que se marchó en 1935. Nos confirmó que posiblemente Celli Goldmann había nacido en Luxemburgo y vivido en Polonia. Opinó que con la documentación que nosotros teníamos, era sumamente difícil el tipo de investigación que estábamos realizando. Por su parte, el señor Wolf nos indicó que los primeros judíos llegaron a Luxemburgo desde Polonia en 1936, y que posiblemente Celli Goldmann estaba entre ellos. De seguro consiguió papeles falsos (una nueva identidad).

Regresábamos a Bruselas de noche cuando Limage me informó que estábamos en una ruta famosa. Allí el general alemán Van Rundstedt inició un ataque relámpago contra el tercer ejército del general Patton el 23 de diciembre de 1944. El ejército alemán perdió 100 mil hombres. Llegamos a Bastonia. Nos detuvimos algunos minutos para observar un imponente cementerio. En aquel lugar habían peleado muchos puertorriqueños[9].

Francamente regresábamos con muy poca información, pues teníamos más preguntas que respuestas. ¿De dónde vino Celli Goldmann? ¿Dónde pasó su niñez? ¿Tenía hermanos? ¿Fue arrestada? ¿Dónde murió? Los documentos no revelaban absolutamente nada acerca de nuestro padre. ¿Quién era? ¿Cuándo fue arrestado? ¿Cómo? ¿Tenía familiares?

Llegamos hambrientos. Concluimos que los datos obtenidos en Luxemburgo no nos suministrarían información adicional, y que necesitábamos hacer otro tipo de investigación. Nos despedimos hasta el día siguiente.

---

9 De hecho, el soldado puertorriqueño más condecorado en la Segunda Guerra Mundial, y el segundo en toda la nación americana, fue el sargento de primera clase Agustín Ramos Calero, natural de Isabela. Recibió 22 condecoraciones y medallas del ejército de los Estados Unidos. Se le conocía como "El Hombre Ejército".

XI

LISTAS SUPERSECRETAS

El secreto es tu prisionero; si lo dejas escapar, serás prisionero de él.

«También lloré mucho», así se expresó Marie Leonie Antonia Vanderkemp, la persona que por treinta y cinco años prestó servicios en un centro de cuidado de niños auspiciado por las Hermanas de la Caridad. La institución católica estaba ubicada en el número 14 de la Rue de la Flèche, en Bruselas. A sus 71 años (aparentaba diez años menos), esta mujer, que se hizo llamar simplemente María Henriette, exhibió una memoria extraordinaria cuando conversamos:

-Todos los niños judíos lloraron constantemente por sus padres, pero nosotros los mantuvimos escondidos en nuestro orfanato. ¿Qué podíamos decirles? ¡Mañana vendrán a buscarlos!

-¿Trabajó mucho tiempo aquí?

-Sí, señor Kane, serví por espacio de 35 años en aquel centro. Recuerdo, como si fuera ayer, cuando Celli Goldmann, de 26 años y madre de tres niños, estaba sola en la acera. Su esposo había sido arrestado por la policía secreta alemana. Ella sabía que también la iban a arrestar. Una mañana vino a confiarnos a sus niños, a sabiendas de que nunca regresaría. Señor Kane, por esa razón sus hermanas, Astrid, quien apenas tenía dos años, y Madeleine, de tres, pasaron toda su infancia en este orfanato católico. Recuerdo que Sor Cecilia y Sor Josefa se hicieron cargo de ellas hasta que alcanzaron la mayoría de edad.

Mi hermana Astrid interrumpió la conversación y le preguntó a María Henriette qué había pasado con la enfermera que las cuidaba en el orfanato.

-Efectivamente, la llamé para que nos hiciera una visita; no debe tardar mucho.

Yo les pregunté a mis hermanas si hacía mucho tiempo que no visitaban a estas dos mujeres. Me contestaron que sí. Seguimos hablando. De pronto sonó el timbre. Alguien abrió la puerta, y allí estaba la señora Elodie Baetens Sneppe (Lilly). Astrid me la presentó y me dijo que ella trabajó por muchos años como enfermera en el orfanato. Inmediatamente puse mi *casette* a funcionar.

-Dígame, María Henriette, usted asegura que conoció a Celli Goldmann.

-Ah sí, pero yo estaba esperando a Lilly para que todos pudiésemos compartir esa historia. Yo la veía todos los días. El sitio donde yo estaba quedaba exactamente al lado de este centro, frente a mí había una ventana enorme de cristal. Pude observar que su madre era de una estatura pequeña, rubia y delgada, pero nunca hablé con ella. La regla del orfanato era que solamente las hermanas atendían a los padres y a los niños.

De izquierda a derecha, el autor, su hermana Astrid, Marie Henriette y Marie Elodie Baetens Sneppe (Lilly).

-Lo que trato de averiguar es si yo estuve aquí, entre los años 1942 y 1946.

-Puede ser que usted, señor Kane, estuviera aquí.

-Sí (responde Lilly) a los niños no se les decía que tenían hermanos. Eso se hacía para despistar a la Gestapo, que venía muy a menudo a este orfanato. Imagínese usted, podía ocurrir que en una de esas visitas una niña dijera: «Sí, arriba tengo un hermanito».

-¿Así que pude haber pasado esos cuatro años aquí?

-También pudo ser que usted hubiese pasado al otro orfanato, en Louvain.

-¿Y tendrán alguna información allá?

-No, porque ya no existe.

La señora María Henriette trajo unas fotografías que quise comparar con otras que yo había llevado de Puerto Rico.

-Sí, éstos eran la mayoría de los niños que estaban en este orfanato y en el de Louvain. Vamos a examinarlas para ver si usted aparece en alguna de ellas.

En una de aquellas fotografías aparecían mis hermanas Astrid y Madaleine. Revisamos las fotografías por espacio de media hora, sin éxito.

-¿No será más fácil examinar el libro donde aparecen inscritos todos los bautismos? (La idea era verificar si allí aparecía mi nombre.)

-Para eso habría que ir a la Parroquia que sus hermanas conocen, y hablar con el vicario.

Antes de despedirnos, María Henriette me entregó un mantel que cubría una de las mesas, y me dijo:

-Señor Kane, le quiero entregar este mantel que yo misma bordé. Empecé a hacerlo el 4 de junio de 1944. Como usted podrá observar, está bordado a mano y aparecen las banderas de las fuerzas aliadas. Sé que usted lo guardará como un recuerdo histórico de esta visita.

-Extraordinario, muchísimas gracias, no sabe cuánto aprecio este recuerdo.

Nos despedimos para ir a la parroquia Saint-Roch, la encargada de manejar los asuntos del orfanato de las Hermanas de la Caridad durante la guerra. De acuerdo con lo que había investigado era lógico suponer que si yo hubiese estado

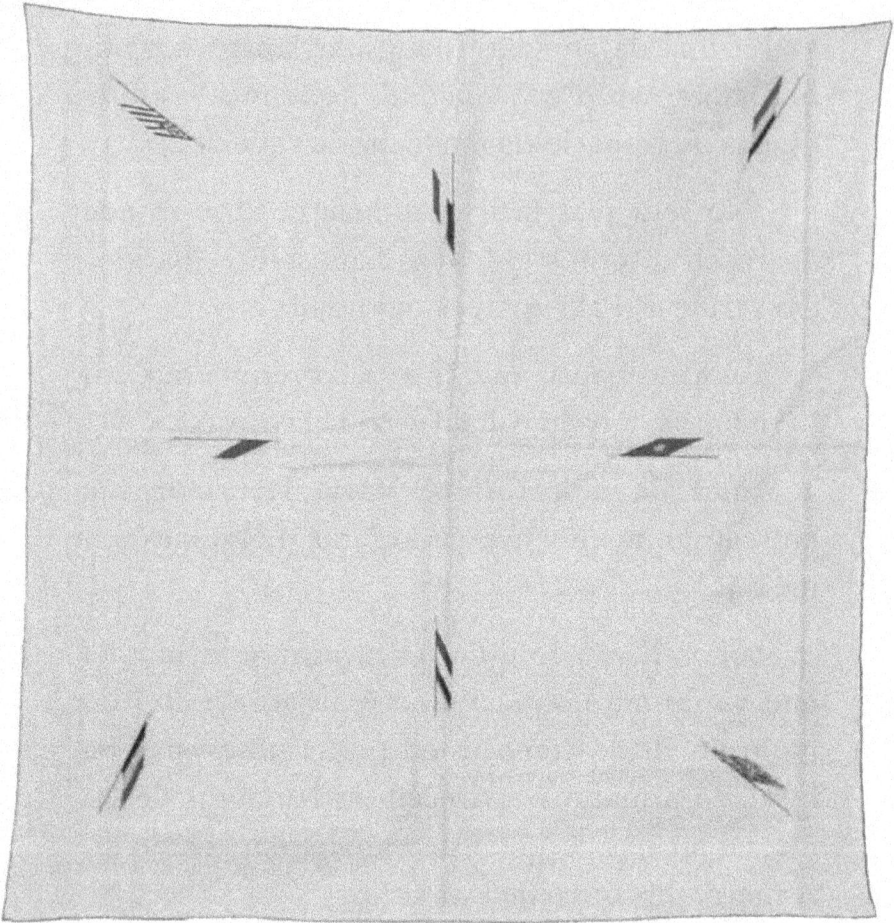

Mantel con ocho banderas: Bélgica (2), Polonia, Estados Unidos, Inglaterra, Francia (2), Unión Soviética, bordado por María Henriette.

con las Hermanas de la Caridad, mi nombre debía aparecer en el libro de bautismos desde 1942.

Llegamos a la parroquia Saint-Roch y el párroco nos atendió inmediatamente. Pronto apareció con

El autor es recibido calurosamente por las Hermanas de la Caridad,
quienes protegieron y educaron a Astrid y Madeleine.

Fotografías tomadas en el Orfanato de las Hermanas de la Caridad,
en calle de la Flecha, Bruselas, Bélgica.

el libro en cuestión. Aparecieron los nombres de mis hermanas en las páginas del año 1943. Yo no figuraba en los folios de los años 1942, 1943, 1944. Entonces él nos recomendó que fuésemos a ver a unas Hermanas de la Caridad que muy bien podían tener otros libros que se habían mantenido en secreto durante la guerra. Les dimos las gracias y partimos.

Quedó claro que mi madre no me había entregado a ese centro, pero aún quedaban dos interrogantes: por qué no lo hizo y a dónde me había llevado.

Nos dirigimos al lugar indicado por el vicario de Saint-Roch, que realmente estaba bien cerca. Se trataba del centro de las Hermanas de la Caridad, cuya misión era cuidar niños. Al llegar, varias religiosas nos recibieron efusivamente, en especial a mí. La mayoría de ellas conocían muy bien a mis hermanas. Dialogamos un buen rato mientras una de las monjas iba al archivo a buscar libros que se relacionaran con mi caso. Lamentablemente, nos informó que no los había encontrado. Muchos de esos libros habían sido destruidos para evitar represalias contra los niños allí inscritos. Si esos documentos hubieran caído en manos de los alemanes habría sido mortal.

El autor, acompañado del vicario de Saint-Roch, Bruselas, examina el Registro de Bautismos. A la izquierda, su hermana Astrid.

Sin embargo, esa hermana nos aportó un dato muy interesante: en los años cuarenta el orfanato no tenía las instalaciones para acomodar a los recién nacidos. Y a él, por ser varón, no podían protegerlo. La circuncisión lo hubiese delatado[10].

10 Fieles a la tradición de los hebreos, la mayoría de los judíos continúan practicando la circuncisión al octavo día después del nacimiento del niño, excepto en caso de contraindicación médica. El padre es el responsable de preparar la ceremonia, que debe realizarse por la mañana temprano y es precedida por una vigilia consagrada a los rezos. La circuncisión se llama en hebreo *milah*, pero la expresión completa es *brit milah*, cuya primera palabra significa alianza. En efecto, esta circuncisión se practica para recordar el pacto establecido entre Yavé y Abraham, en el que éste sería hecho "padre de muchedumbre de gentes" (Gén. 17:4). Abraham y su familia fueron los primeros circuncidados, a partir de que Dios se apareciera a Abraham y le indicara las condiciones de su alianza con el pueblo judío (Génesis, XVII): "He aquí mi pacto contigo:

Por tanto, presumimos que era improbable que yo hubiera pasado allí mis primeros años.

Una de las sugerencias de la madre superiora fue que visitáramos el Instituto Nacional del Niño. Se trataba de una institución que tuvo un objetivo particular: trabajar con niños judíos.

La mañana siguiente nos dirigimos al Instituto, donde nos recibió una persona muy amable: el señor René. Taminiaux. Él se acordaba muy bien de la manera en que se efectuaba todo el trámite y lo explicó así:

-Nosotros no mantuvimos listas de nombres. Al contrario, eran listas supersecretas en donde aparecía solamente el nombre del niño y su fecha de nacimiento, pero a menudo se cambiaba el apellido. Claro, eso se hacía para despistar a los alemanes. Por esa razón podíamos colocarlos en matrimonios belgas sin que se supiera que se trataba de niños judíos. Lo siento mucho, no tenemos esa información.

---

serás padre de una muchedumbre de pueblos, de los que saldrán reyes. Tú, de tu parte y tu descendencia, circuncida a todo varón, circuncida la carne de vuestro prepucio y ésa será la señal de mi pacto entre mí y vosotros. A los ocho días de edad será circuncidado todo varón entre vosotros, de generación en generación, tanto el nacido en casa como el comprado por dinero a cualquier extranjero que no sea de tu linaje".

Nos invitó a tomar café. Antes de salir de su oficina nos dijo que tal vez la información que interesábamos la podíamos conseguir en el Ministerio de la Reconstrucción.

Inmediatamente nos dirigimos al Ministerio de la Reconstrucción, que estaba bien cerca de allí. Por primera vez todos tuvimos que mostrar identificaciones. Limage presentó su carnet de periodista, y yo mi pasaporte. La persona que estaba en el vestíbulo nos preguntó qué se nos ofrecía. Le expliqué, en francés, que estaba realizando una investigación sobre unas personas desaparecidas durante la Segunda Guerra Mundial. Entendió perfectamente la razón de nuestra búsqueda, y nos invitó a pasar.

XII

CAMPOS DE CONCENTRACIÓN

La guerra es el festival de la muerte.

Subimos la escalera del Ministerio de la Reconstrucción, pues el edificio no tenía ascensor. Llegamos a un piso donde formulamos algunas preguntas. Una persona nos indicó cuál era la oficina en la que nos podían atender. Le dije a Limage que yo quería hablar con el empleado que estaba en una ventanilla. Así lo hice. Después de explicarle bien mi situación, el empleado me indicó que aquella gestión iba a tomar mucho tiempo. Entonces Limage intervino. El empleado comprendió rápidamente la situación y pidió que nos sentáramos. Esperamos por espacio de media hora, hasta que él regresó con un cartapacio voluminoso. Me llamó y, al entregármelo, dijo: «Aquí está el caso Goldmann».

Abrimos el cartapacio y empezamos a mirar su contenido página por página. Lo primero que descubrimos fue que Celli Goldmann no nació en Esch-Sur-Alzette, como decían los documentos anteriores, sino en Luxemburgo, capital del Gran Ducado, el 2 de mayo de 1916. Tenía en mis manos el certificado de nacimiento original, llevaba el número 135-1916. ¡No lo podía creer!

C O P I A.

VILLE DE LUXEMBOURG.

Acte de Naissance
n° 135/1916.

Capitale du Grand-Duché de Luxembourg.

EXTRAIT DES REGISTRES AUX ACTES DE L'ETAT CIVIL.

L'an mil neuf cent seize, le deux du mois de mai est née à Luxembourg.
C A E C I L I A
fille des époux Joseph SCHTATLENDER, âgé de trente-quatre ans, commerçant, et Golda MILNARSKI, âgée de trente-cinq ans, domiciliés à Luxembourg.

Pour extrait conforme, et traduction littérale.
Luxembourg, le 23 mars 1949.
Délivré sur papier libre pour servir dans un but administratif.
L'Officier de l'Etat Civil,
(s) illisible.
Sceau de la Ville de Luxembourg
Administration Municipale.

POUR COPIE CONFORME,
Le Commissaire de l'Etat,

J.GILLET.

Certificado de Nacimiento original de Celli Goldmann.

Al revisar cuidadosamente los documentos supimos que Celli Goldmann era hija de Isaak Goldmann y Lea Schtatlender. Isaak llegó a Luxemburgo en 1914, donde estuvo hasta 1919 con un apellido falso, Schtatlender, porque ya una vez lo habían expulsado de ese país[11]. Él usaba los documentos de identificación de su cuñado: Joseph Schtatlender. Lea, por su parte, se hacía pasar por Golda Milmarski, la esposa de Joseph Schatlender. Tanto Joseph como Golda habían fallecido. Por eso Celli no fue inscrita en Esch-Sur-Alzette, como se pensaba, sino en Luxemburgo. Aparecía como hija de Joseph Schtatlender y Golda Milmarski[12].

---

11 Los padres de Celli Goldmann tuvieron que huir antes de la dislocación, en 1919, del imperio autro-húngaro, porque Polonia no era un país. Por esa razón, ellos, al igual que Celli, aparecían en algunos documentos comos personas desplazadas.

12 Al momento de la invasión alemana de Bélgica, en el verano de 1940, alrededor de 66,000 judíos vivían en ese país. Sin embargo, difícilmente algunos de ellos eran ciudadanos belgas; eran principalmente inmigrantes o refugiados de Europa del este o de Alemania. En 1941, los nazis comenzaron a segregarlos: enlistándolos, registrándolos, marcándolos, y confiscándoles sus propiedades.

En junio de 1942, los nazis decidieron hacer las primeras deportaciones desde Bélgica. El 4 de agosto de 1942 partió para Auschwitz el primer transporte de judíos. A lo largo de 1942, unos 16,882 judíos fueron deportados desde Bélgica, de los cuales ninguno era ciudadano belga.

A partir del verano de 1942, los alemanes empezaron a deportar judíos que eran ciudadanos belgas. Entre 1943 y 1944, más de 8,000 fueron deportados a Auschwitz. Un total de 28,500 judíos fueron deportados de Bélgica durante la Segunda Guerra Mundial. Sólo aproximadamente 1,000 de ellos eran belgas.

Aquellos documentos relataban cómo había ocurrido la trágica muerte de Celli Goldmann. Me horroricé cuando vi una tarjeta de las autoridades alemanas que certificaba que ella había sido internada en Malines el 23 de enero de 1943, y enviada en la escolta número 220 el 19 de abril de 1943[13].

13 En los campos de exterminio existía un sistema de marcado, por ejemplo: Los campos de concentración nazis poseían un sistema de marcado de prisioneros basado principalmente en triángulos invertidos. Los triángulos estaban hechos de tela y se cosían sobre las chaquetas y camisas de los prisioneros. Estas marcas eran obligatorias y tenían significados concretos que servían para distinguir las razones por las que el prisionero había sido ingresado en el campo.

La forma fue elegida por analogía con las señales de tráfico alemanas indicando peligros para los conductores. El invertido es porque la punta del triángulo señala hacia abajo y no hacia arriba como es habitual.

La base del código de marcado eran los colores. Así, diferentes colores denotaban diferentes *delitos* o *razones*:

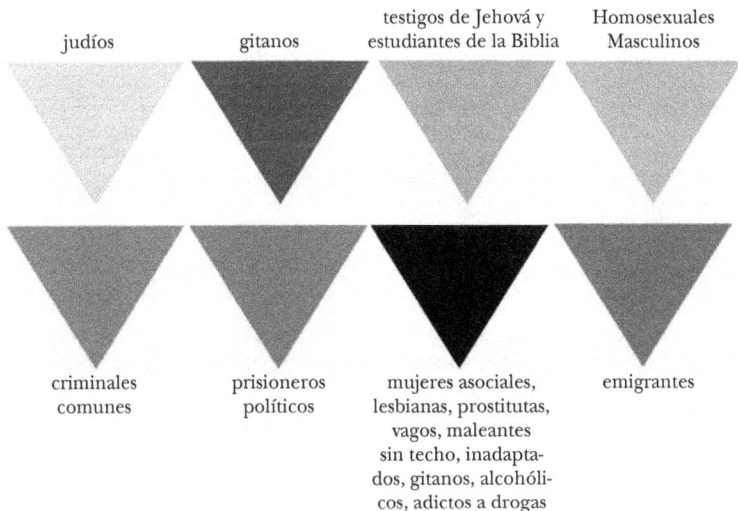

judíos	gitanos	testigos de Jehová y estudiantes de la Biblia	Homosexuales Masculinos

criminales comunes	prisioneros políticos	mujeres asociales, lesbianas, prostitutas, vagos, maleantes sin techo, inadaptados, gitanos, alcohólicos, adictos a drogas	emigrantes

Código de colores en los campos de exterminio.

Luego se le trasladó a Auschwitz. La misma tarjeta informaba lo siguiente: «Bloque Experimental número 10 Birkenau»[14].

Entre los documentos aparecieron dos declaraciones juradas de 1948. La primera era de la señora Mala Jelen, nacida en Varsovia en 1916; la

---

Estos triángulos se superponían a un triángulo amarillo para denotar a los prisioneros que además de otros *delitos* eran judíos. En el caso de los judíos, esto se traducía en una estrella de David o de seis puntas, amarilla . Esto podía ocurrir incluso en el caso de presos que habían sido internados por ser testigos de Jehová, ya que según las leyes de Nuremberg eran judíos todos aquellos que tuvieran ascendencia judía.

Además del código de colores, algunos grupos tenían que poner una letra en el centro del triángulo para denotar el país de origen:

- **B** para belgas (*Belgier*)
- **F** para franceses (*Franzosen*)
- **I** para italianos (*Italiener*)
- **P** para polacos (*Polen*)
- **S** para españoles (*Sicherheitsverwahrter* -prisionero en detención preventiva- o *Republikanische Spanier* -republicano español-)
- **T** para checos (*Tschechen*)
- **U** para húngaros (*Ungarn*)

---

14 Auschwitz-Birkenau sirvió como campo de concentración y campo de trabajos forzados y se convirtió en el lugar de exterminio del mayor número de judíos europeos. Después de una gaseada experimental en septiembre de 1941, en la que murieron 250 polacos enfermos y 600 rusos, el exterminio masivo se volvió una rutina diaria.

otra, de Anna Stahl, nacida en Lemberg (Rusia) el 13 de octubre de 1916. Ambas afirmaban haber conocido muy bien a Celli Goldmann y, entre otras cosas, revelaban lo siguiente:

«Fuimos trasladadas al pueblo de Malines el 19 de abril de 1943; de allí nos deportaron a los campos de concentración. Llegamos a Birkenau el 22 de abril de 1943».

La otra persona que se presentó fue la señora Anna Stahl (cuyo esposo se llamaba S. Berger), nacida en Lemberg, Ucrania, el 13 de octubre de 1911. Fui inscrita sin nacionalidad en el registro de extranjeros en la comuna d' Etterbeek, número 10418, domiciliada en Bruselas-Etterbeek, 81 Calle Gray, deportada de Malines, y repatriada.

Certifico haber conocido perfectamente a la señora Celli Goldmann, nacida en Esch-Sur Alzette, el 2 de mayo de 1916. Vivía en la calle del Mercado Núm. 130, en Bruselas-Schaerbeek.

Las dos fuimos deportadas desde Malines, el 19 de marzo de 1943, en el convoy XX hacia Birkenau, a donde llegamos el 22 de marzo de 1943. Yo vi a Celli Golmann, cuando se la llevaron hacia los crematorios, Bruselas, 16 de marzo de 1948. Esta declaración jurada también fue certificada en el mismo lugar en donde la señora Mala Jelen llevó la suya.

Ambas declaraciones coincidían en un hecho: «Vimos que a Celli Goldmann la llevaron en un camión con destino a los hornos crematorios».

Al leer los documentos, tanto Astrid como yo nos sorprendimos del cúmulo de información que contenían. Ella me confesó que no los había visto anteriormente.

Sin lugar a dudas, aquellas dos mujeres que prestaron juntas aquellas declaraciones debieron haber compartido muchísima información valiosa. Después Astrid intentó conseguirlas, pero sus gestiones no tuvieron resultados positivos.

También encontramos en los documentos desclasificados una carta en francés que decía lo siguiente: "Nosotras declaramos que la señora Celli Goldmann fue ingresada en el hospital el 2 de marzo de 1943 (no dice el lugar). Ella estaba muy enferma y totalmente frágil. Fue llevada en un camión, en ese mismo estado, el 4 de marzo de 1943. Nosotros le oímos decir a la Madre Superiora de las Hermanas de la Caridad, quien le hizo la última visita: 'Si no regreso mantenga a los niños con ustedes'. Aparentemente, ese documento fue firmado bajo juramento ante un notario el 10 de agosto de 1948, en la ciudad de Malines, cerca de Amberes, por dos enfermeras, una llamada Gerarda, y la otra, Andrea[15].

Después revisamos un documento con fecha de 26 de noviembre de 1946, en el cual constaba que yo había vivido en Bruselas y que el matrimonio Kahn había solicitado un certificado de adopción. En Bélgica, y en otros países de Europa, existía una ley que obligaba al ciudadano a inscribirse (empadronarse) en su lugar de residencia, inscripción que era verificada por la policía comunal (municipal).

Según Limage, la policía belga era sumamente eficiente y muy meticulosa con este aspecto administrativo. Por esa razón, no debíamos dudar de la veracidad y de la autenticidad de la prueba que estábamos examinando.

Al abrir un sobre, hallamos un documento extraordinario que leía como sigue:

«El Comité Judío ha encontrado a Jacqui Goldmann[16], nacido en Schaerbeek (Bruselas) el

---

15 De acuerdo con los documentos, Celli Goldmann fue arrestada el 23 de enero de 1943 y enviada al L'Arbeiteinsatz Núm. 220 (trabajos forzados) el 19 de abril de 1943.
16 Es probable que la persona que escribió el anónimo desconocía mi primer nombre ya que escribió "Jacqui en vez de Charles, parece que él se confundió con el hijo de Madame Crockaert –que

26 de mayo de 1942. Ahora estamos buscando a las hermanas del niño, quienes posiblemente fueron recogidas por las Hermanas de la Caridad antes de que su madre fuera arrestada. El niño Jacqui fue llevado, en diciembre de 1942, a la casa de la señora Crockaert, en el número 81 de la Calle Vanderkindere en Bruselas».

Examinamos el documento. Según Limage, no era un original porque no tenía fecha ni firma, y aparentaba estar incompleto. Esto nos obligó a investigar primero dónde estaría el original. Después averiguaríamos quién era la señora Crockaert.

Limage sugirió que fuésemos al Servicio Social Judío. Hizo una llamada telefónica, les dimos las gracias a los empleados del Ministerio de la Reconstrucción, y nos despedimos.

---

se llamaba Jacqui Crockaert. Antes de la Segunda Guerra Mundial, los judíos de Polonia solamente tenían derecho al matrimonio religioso, el cual carecía de valor en Bélgica. Además, en la religión judía el hijo de una madre judía y un padre no judío, es judío, mientras que el hijo de una madre no judía y un padre judío, no es judío. Celli Goldmann no tenía un acta de matrimonio porque a Benjamin Eckhaus el gobierno belga le había dado noventa días para que se fuera y él se quedó ilegalmente en el País. Celli llegó a Bruselas el 15 de julio de 1938 y, aparentemente, estaba registrada como residente legal porque se encontraron documentos que demuestran que ella tenía derecho a cupones de alimentos.

Madame Crockaert y Gitla Kahn.

Rápidamente los tres nos dirigimos al Servicio Social, donde nos atendió su director, el señor K. Zeilinger. Él ya tenía en su escritorio el expediente del caso Goldmann. Lo abrió y apareció el documento original escrito de puño y letra, con tinta negra. Zeilinger nos informó que la persona que lo había redactado era un miembro de la Comunidad Judía de Bruselas que prefirió quedarse en el anonimato. No había duda de la autenticidad de aquel documento que leía como sigue:

«El niño Jacqui Goldmann fue escondido durante la guerra en la casa de la señora Crockaert en la calle Vanderkindere por la Comunidad Judía de Bruselas, organización que, terminada la guerra, lo recobró. Muchas veces he oído decir que él tenía dos hermanas. Un día yo las vi en el Orfanato de las Hermanas de la Caridad en la calle Flecha número 14, en Bruselas. Inquirí con las religiosas, y me aseguraron que las dos niñas tenían un hermano pequeño».

Madame Crockaert acompañada de su esposo, sus dos hijas y Jacqui Crockaert.

Pudimos deducir que el documento en cuestión fue escrito después del año 1945, pues tenía una anotación que leía: «terminada la guerra». Lo que no podíamos entender era cómo aquella persona pudo haber reconocido a mis hermanas. ¿Quién le habló de la señora Crockaert? Posiblemente la persona que escribió el documento conoció a Celli Goldmann, mi madre.

XIII

GENTE DE GRAN CORAZÓN

El que hace bien a los demás se beneficia a sí mismo.

Por la mañana decidí ir solo con Limage al número 81 de la calle Vanderkindere. Mi esposa Blanca se sentía indispuesta, tenía fiebre. Por lo visto, el frío la había afectado. Se observaba bastante tráfico en las calles de Bruselas. De pronto oímos una sirena detrás de nosotros y le dimos paso. Era un coche de la policía que iba a gran velocidad. Mire la marca, era un «BMW». De hecho, aproveché para preguntarle a Limage si habían ocurrido muchos atracos de bancos en Bélgica[17].

---

[17] Un día, mientras yo estaba de inspector en el aeropuerto Luis Muñoz Marín, conversé con don Luis A. Ferré y aproveché para pedirle que me explicara por qué una barriada en la ciudad de Ponce llevaba el nombre "Bélgica". Él me relató una historia curiosa. Resulta que allí vivía un soldado puertorriqueño que durante la Primera Guerra Mundial había estado activo en Bélgica. Cuando alguien aparecía por la barriada preguntando por él, la gente, para asegurarse de la identidad del buscado, decía: "quién, el de Bélgica". Tanto se repitió aquella experiencia que el lugar adoptó el nombre del lugar del frente de guerra del soldado boricua.

-Uno sólo en los últimos tres años-, me contestó.

-¿Y cuál fue la suerte de los asaltantes?-, añadí yo.

-Todos muertos-, respondió él.

En menos de media hora llegamos a la calle Vanderkindere. Dejamos el carro no muy lejos de allí. En el número 81 no había timbre ni tampoco estaba el apellido Crockaert en la puerta. Tocamos, y pronto apareció un hombre con el pelo completamente blanco que aparentaba tener entre 60 y 65 años. Limage lo interrogó. Se apellidaba Guillaume y era un señor sumamente amable. Nos invitó a pasar al apartamento y allí sostuvimos el siguiente diálogo:

-¿Dígame, usted vivió aquí durante la guerra?- le pregunté.

-Sí, señor.

-¿Conoció a la señora Crockaert?

-Sí, la conocí muy bien.

-¿A qué se dedicaba?

-A cuidar niños; una enfermera que vivía al lado, en el número 83, la ayudaba cuando ella lo necesitaba.

-¿Cómo se llamaba esa persona?

-La señorita Vogelaer.

-¿Vive aún?

-Sí señor, le voy a dar la dirección.

El señor Guillaume se excusó y al cabo de unos minutos regresó con la dirección de la señorita Vogelaer. Antes de despedirnos nos ofreció algo de tomar y nos invitó a pasar a su jardín. Un leve rayo de luz apareció en mi memoria. No me explicaba cómo podía acordarme de aquel sitio, donde estuve 35 años atrás. Nos despedimos del señor Guillaume.

Al llegar al apartamento de la señorita Vogelaer, ella nos invitó a entrar. Había un enorme retrato colgado en la pared de la sala. Nos dijo que vivía sola desde la muerte de su padre. Deduje, por el físico, que debía tener entre 75 y 80 años, pero me di cuenta, al iniciar la conversación, que ella también tenía una buena memoria.

-Dígame señorita Vogelaer, vivió usted en el número 83 de la calle Vanderkindere, justo al lado de la señora Crockaert?

-Sí señor Kane, fui enfermera escolar, y me dedicaba a visitar a diferentes personas como la señora Crockaert.

Charles con el señor Guillaume en la calle Vanderkindere
en el patio de su infancia.

-¿Y a qué se dedicaba la señora Crockaert?

-Bueno, tenía unos seis o siete niños, de los cuales tres eran sus hijos, un varón y dos niñas.

-¿Vive aún la señora Crockaert?

-No, hace dos años que murió.

-¿Y sus hijos?

-Tengo entendido que su hijo vive en algún lugar de Bruselas, y que una de sus hijas murió. No sabría decirle el paradero de la otra. En cuanto a la señora Crockaert, la recuerdo como si fuera ayer: pelo negro, esbelta... muy buena. A veces venía a pedirme un poco de carbón o de azúcar. Cuando tenía un niño enfermo o lastimado me llamaba rápidamente. Puedo afirmar, porque fui su vecina durante mucho tiempo, que todos los niños que tenía a su cargo estaban muy bien cuidados. Sé que fue una mujer excepcional. Yo también ayudé a un matrimonio judío durante dos años. Y puedo decirle que durante todo ese tiempo, ni mis vecinos, ni mi familia me cuestionaron nada sobre el particular. Es más, fue solamente al finalizar la Segunda Guerra Mundial que supe realmente que la señora Crockaert escondía a esos niños. En aquellos tiempos nadie se atrevía a preguntar absolutamente nada, porque existía una desconfianza total.

De pronto la señorita Vogelaer se emocionó y me dijo:

-Imagínese señor Kane, tuve que tenerlo en mis brazos varias veces, sin saber quién era usted.

Entonces ella suspiró y agregó:

-Un día los alemanes empezaron a registrar todas las casas que quedaban detrás de donde yo vivía. Por un momento pensé que si llegaban a saber que tenía escondido a aquel matrimonio, me fusilarían. Tuve suerte, pues no vinieron.

Cuando empezamos a despedirnos, la señorita Vogelaer me pidió un fuerte abrazo; la noté emocionada.

Habíamos acordado previamente que por la tarde veríamos a la hermana que mi tío adoptivo de Nueva York (Charles) tenía en Bruselas, la señora Finkelstein. La cita tendría lugar en el hotel Hilton. Propuse que no presentáramos a Limage como periodista, sino como el novio de mi hermana Madeleine, ¡Hacían una pareja perfecta! Quizás la señora Finkelstein hubiese mostrado renuencia a que Limage la entrevistara.

Llegamos al hotel una hora antes para esperar a Madeleine, quien estaba trabajando. Efectuamos un pequeño recorrido por la zona, para luego esperarla en el vestíbulo del hotel. Pronto Madeleine apareció corriendo. Nos sentamos en un café. Al rato apareció la señora Finkelstein, a quien yo había visto anteriormente en Nueva York. Nos presentamos ya que ella no conocía a nadie del grupo. Queríamos tomar algo. El mozo me recomendó un vodka a la rusa.

Señora Finkelstein.

Entonces yo comencé a interrogar a la señora Finkelstein:

-¿Qué sabe usted de esta historia?

-Nada, no sé nada.

-¿Pero usted vivió aquí durante la guerra con su hermano y su cuñada?

-No sé nada.

Noté que Limage empezaba a desesperarse. De nuevo le pregunté a la señora Finkelstein:

-¿Pero no hay duda de que usted estuvo presente en mi Bar-Mitzvah[18] en Bruselas? (Yo llevaba conmigo unas cuantas fotografías donde ella aparecía en la fiesta de mi Bar-Mitzvah).

---

[18] Ceremonia en la que el varón judío, al llegar a la edad de trece años, se inicia en los deberes de su religión.

-Le voy a sugerir algo, señor Kane, a quien usted tiene que ver es a Marie, porque ella era confidente de Jacqueline.

Limage no pudo más y pronto se presentó como periodista. Sin embargo, la señora Finkelstein no se inmutó. Entonces Limage empezó a enfadarse. Para él la inves-

Charles vestido para el Bar-Mitzvah.

tigación no sólo tenía un propósito periodístico, sino también humano. Yo no podía entender la actitud de la señora Finkelstein. Aparentaba tener miedo y se veía confundida y desorientada. Ya no se atrevía a hablar.

Llamaron por teléfono a Limage. Él me explicó que aparentemente alguien le había dejado un mensaje en la redacción del periódico, donde se indicaba que una persona deseaba vernos.

XIV

LAS COSAS SE COMPLICAN

Las cosas que más trabajo cuesta conseguir son las que más tiempo se conservan.

De regreso a la casa de Astrid encontré a Blanca peor de salud. Astrid propuso llamar a un médico, y me informó que había algunos de turno contratados por el Gobierno. Allí la medicina estaba totalmente socializada y la gente pagaba por los servicios de acuerdo con sus ingresos (no existían planes médicos). Pronto se presentó el médico y Astrid lo llevó al piso superior. Él me explicó que mi esposa tenía una infección en las vías respiratorias y que no debía salir de la casa, pues el frío la estaba afectado grandemente. Le administró un par de inyecciones y nos dijo que regresaría el próximo día para ver cómo ella seguía. Tuvimos que cancelar la visita a París que mis hermanas habían planificado.

Limage me invitó a una librería que no quedaba muy lejos de la casa. Allí me regaló un ejemplar de un libro titulado *Bélgica a la hora alemana,* del historiador Jacques de Launay.

Por la noche empecé a leerlo a vuelo de pájaros y casualmente di con un párrafo que informaba sobre la deportación de unos veinticinco mil judíos de Bélgica y la organización de la resistencia. Se creó una entidad clandestina llamada "Comité de Defensa de los Judíos de Bélgica" que recibió de los bancos belgas un adelanto de alrededor de 48 millones de francos belgas entre 1942 y 1944. Esta entidad tenía mano libre para disponer del dinero. Otros veinticinco mil judíos que se quedaron en Bélgica se beneficiaron de innumerables provechos. Esto se logró gracias al total apoyo de los ciudadanos belgas, quienes obraron a nombre de la solidaridad humana, de la caridad cristiana, del patriotismo y de la resistencia a la ocupación. Esta ayuda que prestaron los ciudadanos belgas permitió que tres mil niños judíos se salvaran. ¡Y yo había sido uno de esos tres mil!

Al día siguiente mi esposa se sentía mucho mejor, pero no podía salir aún. De hecho, mi cuñado François me informó que el Servicio Meteorológico estaba anunciando que se avecinaba una tormenta de nieve. ¡Qué frío hacía!

Limage me llamó por teléfono para confirmarme que efectivamente una persona se mostraba deseosa de hablar con nosotros. Era la señora Sarah

La señora Sarah Lanssens Florentin le dice a Charles (el autor) que fue en julio de 1946 cuando lo vio por primera vez con su madre adoptiva.

Lanssens Florentin, quien decía haber conocido muy bien a Jacqueline Kane y haber sido su secretaria personal en 1945.

Ese mismo día vistamos a la señora Lanssens. Ella nos confesó que cuando leyó el primer reportaje de la serie que estaba escribiendo Limage en Le Soir Illustré, se estremeció.

-Toda mi familia fue exterminada en los campamentos de Auschwitz[19]. Se los llevaron en la escolta

---

[19] Donde se situó el campo de concentración alemán que los nazis utilizaron casi exclusivamente para los judíos. Cerca de 250,000 semitas fueron incinerados en sus hornos de gas, lo que ha sido considerado como el más horrible crimen de la Historia.

número 21, exactamente detrás de la escolta de Celli Goldmann. Le debo la vida a un oficial alemán. A mi familia la llevaron primero a un cuartel militar. No tenía la más mínima idea de lo que iba a suceder. De hecho allí se cantaba, se reía, e incluso se practicaba la gimnasia. Nadie se daba cuenta de nada. Cuando empecé a enfermarme de los nervios, me separaron de mi familia y me confiaron a unas monjas. Gritaba, lloraba, no quería estar separada, quería vivir con mi familia. Un día un oficial alemán visitó a las monjas. Ellas exclamaron: «Esta niña no, no está en buenas condiciones de salud». El oficial alemán gesticuló y recomendó que me cuidaran mucho. Se marchó del lugar sin denunciarme. Por eso no fui enviada en la escolta número 21 con destino a Auschwitz.

En ese momento se le quebró la voz, no puede creer que treinta y cinco años después yo esté frente a ella. Cuando logra reponerse, continúa el relato.

-Hice amistad con Jacqueline en Bruselas y me pidió que fuera su secretaria personal. Ella tuvo dos o tres abortos y estaba loca contigo. Siempre decía que quería que fueras elegante. Debo decirte que te parecías mucho a ella, tanto que hasta el personal de la fábrica no sabía que eras adoptado. Trabajé con Jacqueline hasta el año 1947. Era una mujer de gran imaginación; de hecho, inventó unas medias de mujer vitaminizadas. Además, era de una generosidad sin límites; nos hacía muchos regalos.

La señora Lanssens se incorporó para ir a buscar un álbum que tenía guardado, donde aparecía con Jacqueline, Henri, Marie y Paula. En ese momento yo pensé que era extraordinario saber que las fotografías que yo tenía en Puerto Rico eran las mismas que ella me estaba mostrando en Bélgica. Se habían hecho del mismo papel y en el mismo lugar. Para mí era algo histórico...

-Recuerdo que también ayudó mucho a una refugiada de nombre Elsa Stern. Puedo afirmar en todo el sentido de la palabra que Jacqueline era una dama. Conservo aún su carta de recomendación para un trabajo en la cual ella habla de mí durante el periodo de va de marzo de 1945 a mayo de 1947.

-¿Dígame señora Lanssens, cuándo usted me vio por primera vez?

-La primera vez que lo vi fue en julio de 1946. Me acuerdo muy bien porque Jacqueline me había invitado a pasar el mes de junio con ella, y en esa fecha yo a usted todavía no lo había visto.

Ciertamente, Limage y yo estábamos muy cerca de resolver el caso. Todo empezaba a esclarecerse, gracias a los testigos, documentos, fotografías, etc.

Limage se notaba contento, me dijo que me colocara junto a la señora Lanssens para tomarnos unas fotografías. Emocionada ella sacó un pañuelo para enjugar sus lágrimas. Le dijo a Limage que les tenía mucha estimación a los periodistas. Después de la muerte de su familia, recibió una gran ayuda de su tío David Florentine, quien después se hizo famoso como periodista en Israel. Firmaba sus escritos como David Palestine.

Terminamos la entrevista. La señora Lanssens nos despidió y me deseó suerte y mucha salud. De allí nos trasladamos a la dirección donde, según nos dijo ella, vivió Jacqueline en 1946.

Era de noche, Limage tocó el timbre de la planta baja. Una señora abrió la puerta. Limage le enseñó su carné de periodista y le explicó que era de suma importancia que yo viera el apartamento. La señora se negó rotundamente a dejarnos entrar. Por espacio de diez minutos nos mantuvimos conversando, hasta que ella nos invitó a pasar. Examiné todo con sumo cuidado. Limage tomaba fotos. No había duda de que estaba en el apartamento al cual Jacqueline me había llevado. Comparé las fotografías de Limage con las mías. Eran idénticas. En Bélgica y en otros países de la zona, me dijo él, no se acostumbra remodelar las estructuras principales de las casas.

Regresamos a casa de Astrid. Ya la cena estaba lista y Blanca se sentía mucho mejor. Limage me pidió que después de cenar teníamos que resumir los hallazgos de la investigación que habíamos realizado. Así lo hicimos.

Empezamos el día 4 de enero de 1978, y como debíamos regresar a Puerto Rico el 13 de enero, sólo contamos con siete días para investigar, ya que el periodo incluía un sábado y un domingo. El resultado, al cabo de esos siete días, era halagador. Sabíamos que Celli Goldmann no había nacido en Esch-SurAlzette, sino en Luxemburgo, y que fue inscrita con un apellido falso (Schtatlender) porque su padre Izaak Goldmann, expulsado del Gran Ducado en 1914, luego había regresado con papeles falsos que pertenecían a Jozef Schtatlender, uno de sus cuñados fallecidos. Sabíamos también, por una nota alemana hallada en uno de los archivos belgas, que Celli Goldmann no fue arrestada en el año 1943, sino antes de esa fecha. Por las declaraciones juradas de 1948, nos enteramos de que dos testigos hablaron con ella, y cuál había sido su destino. Conocimos también que durante los primeros días de julio de 1946 Jacqueline estaba tramitando mi adopción, y que en ningún momento yo estuve en el orfanato de las Hermanas de la Caridad.

Pudimos concluir que la investigación que habíamos realizado no estaba del todo mal, a pesar de que durante la guerra no existieron registros ni listas de los niños judíos por temor a que fueran descubiertos. Sin embargo, quedaba por contestar una gran interrogante: la identidad mi padre. Ninguno de los documentos aludía a él. Limage insistió en que debía haber alguna forma de esclarecer ese enigma. Sabíamos por los informes preliminares, que Celli se mudó de residencia varias veces en la misma calle. Entonces debíamos conseguir la identidad de las personas que vivieron allí desde 1938 hasta 1942. Era una labor titánica, pero necesaria. Esos testigos podrían aportar alguna luz a nuestra investigación. Mi cuñado François fue a la alcaldía a indagar sobre el particular, pero allí le informaron que el trámite tomaría mucho tiempo. Había que pedir por escrito que se realizara una investigación oficial del asunto.

Limage me hizo saber que como nos quedaban sólo dos o tres días en Bruselas, él iría directamente al periódico a escribirles a aquellas personas, entre las cuales se encontraban un senador y un alcalde. De manera que en ese momento dábamos por terminada la primera parte de la investigación.

LE SOIR illustré

UN HOMME À LA RECHERCHE DE SON PASSÉ

①

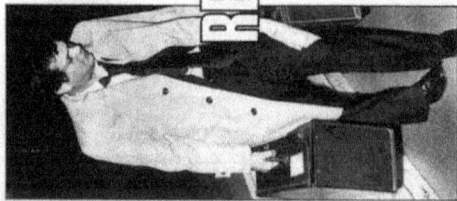

Les deux tragédies de Charles Kane : après sa mère assassinée par les nazis, sa mère adoptive est abattue par des bandits...

FIN

(1) Voir « Le Soir Illustré » n° 2375, du 29 décembre 1977, n° 2383 du 29 février 1978, n° 2384 du 2 mars 1978, n° 2385 du 9 mars 1978 et n° 2386 du

XV

DE REGRESO

El que no se atreve a aventurarse, no debe quejarse después.

El jueves 12 de enero salimos por la mañana. Mi hermana Madeleine nos vino a buscar en un carro pequeñito, creo que era un «MG» inglés. Limage nos había invitado a su casa de campo. Nos paramos en una gasolinera. ¡Horror, la gasolina estaba a $3.00 el galón! Entonces sí que estaba haciendo un frío verdaderamente violento. Mi esposa llevaba una gruesa bufanda y su cutis tenía un color rojizo. Entramos por una autopista que nos conduciría directamente a la casa de Limage. El viaje nos tomó cerca de una hora.

Llegamos al pequeño pueblo de Champion en el típico campo belga. En verdad que allí Limage se mostró simpatiquísimo y disfrutamos del día en compañía de su familia. Propuso que brindáramos con ron de Puerto Rico y nos sentamos a platicar un rato. Su esposa era trabajadora social en una cárcel belga. Tenían un solo hijo. Ambos compartían el mismo hobby, correr motora a campo abierto. Casi toda nuestra conversación se relacionó con Puerto Rico. Jacques Limage era un veterano periodista que había estado en los cinco continentes. Él quería conocer más de cerca la relación política que existía entre Puerto Rico y los Estados Unidos. Pero, claro, el viaje dependería de su jefe de redacción.

Madeleine Goldmann.

Aprovechamos el rato para hacer varias cosas, pero lo más importante fue que lo autoricé a continuar la investigación.

Al entrar la noche, nos despedimos. Regresamos por la misma carretera. Casi llegando a Bruselas, pasó un auto color negro; y observé que el pasajero llevaba una especie de linterna roja en la mano. Aparentemente estaba haciendo señales. Mi hermana Madeleine detuvo el auto y me advirtió que no hablara. Blanca no dijo ni una sola palabra. Me percaté de que era un auto de la Policía en el que iban tres personas. Cuando bajó el conductor, quien estaba uniformado y portaba una ametralladora en el hombro, ya los otros dos agentes se habían desmontado. Estaban vestidos con ropa de civil y tenían las manos en los bolsillos. El conductor se acercó a nuestro carro para cotejar cuántas personas iban a bordo. De inmediato, le pidió la licencia a Madeleine. Chequeó la tablilla, para ver si todo estaba en orden y me dijo:

-Deme su identificación.

Yo le explique que estaba en Bélgica como turista.

-Pasaportes, por favor, añadió.

Le entregué nuestros pasaportes. Entonces él se dirigió a la patrulla donde aparentemente se comunicó con alguna oficina. A los pocos minutos regresó y me dijo:

-Señor Kane, todo está en orden. Aquí están los pasaportes; buen viaje mañana.

Después supe que en Bélgica había una gran cohesión entre la Policía y sus conciudadanos. Los exámenes de ingreso al cuerpo figuraban entre los más estrictos del mundo. Por eso sus agentes se caracterizaban por su vocación y el pueblo les tenía un gran respeto.

Al día siguiente Blanca y yo nos despedimos de todos mis parientes belgas y abordamos el avión que nos llevaría a Nueva York. Como hicimos una escala en Londres de alrededor de una hora, decidimos dar una caminata por los alrededores. Pudimos notar una gran cantidad de aviones «Concorde» de la British Overseas Airways Corporation. Entramos al restaurante del aeropuerto para comer algo. Apenas podía entender al mozo, algunos ingleses tienen una pronunciación sumamente peculiar. Compramos varias cosas en la zona franca y abordamos el avión nuevamente.

Llegamos a Nueva York casi de noche. El empleado de la línea aérea nos informó que había un retraso en la salida del vuelo para Puerto Rico debido a una tempestad de nieve. Como no pudo decirnos cuánto tiempo duraría el retraso, y aparentemente sería prolongado, le propuse a Blanca que les hiciéramos una llamada de cortesía a mis tías. Ella estuvo de acuerdo. Como nos invitaron a pasar por su casa, dejamos las maletas a cargo de la compañía aérea y nos fuimos a visitarlas. Confieso que fue un error mayúsculo de mi parte.

Al llegar a casa de mi tía Marie, en Rigo Park (Queens), Blanca resbaló en la capa de hielo que se había formado y por poco cae al piso. Tan pronto entramos, mi tía Marie me preguntó:

-Cómo les fue en el viaje.

-Muy bien, le contesté.

-Estás satisfecho, añadió.

-Sí, agregué yo.

Entonces sonó el timbre de la puerta y aparecieron mi tía Paula y su marido Charles. Inmediatamente ambos empezaron a gritar a todo pulmón:

-Lo que has hecho es una desgracia para nuestra familia. Tú tienes una sola hermana. ¿Cómo pudiste hacerle eso a mi hermana Jacqueline? Ella te recogió y te educó; ella te dio su amor y todo su cariño.

Como yo no estaba interesado en la discusión, llamé a un taxi y nos despedimos. Después de aquel incidente nunca más volví a hablar con ninguno de ellos.

XVI

NUEVAS REVELACIONES

Cuando hay voluntad, se abre un camino.

A fines de enero de 1978 recibí por correo un paquete que contenía varios documentos y una carta de Limage que decía:

«Estimado Charles:

Por la presente te estoy enviando unos documentos que fueron recopilados por diversas agencias del gobierno belga. A mi juicio son extraordinarios, pues revelan hasta el nombre de tu padre biológico.

Para mí ha sido un gran privilegio conocerles, a ti y a tu esposa. Como periodista estaba consciente de que no podría dormir tranquilamente hasta ver terminada la investigación. Deberás leer con calma los documentos para que puedas entender la segunda parte de tu historia increíble».

Así me enteré de que mi padre se llamó Benjamin Eckhaus y que nació el 15 de mayo de 1901 en Czernowitz, una ciudad rumana que hoy pertenece a Ucrania (Tchernovtsy).[20] Era el segundo de tres hermanos. El mayor, Karl, había nacido el 30 de marzo de 1892 en Vaslui (Rumanía) y estuvo casado con Sabine Vogel. Isidor, el menor, nació el 18 de marzo de 1909 en Czernowitz, y contrajo matrimonio con Emma Glandz en 1937.

Supe también que mi madre biológica Celli, cuyo nombre oficial era Caecilia, tuvo un hermano, Siegmund, y dos hermanas, Esther y María. Todos fallecieron en los campos

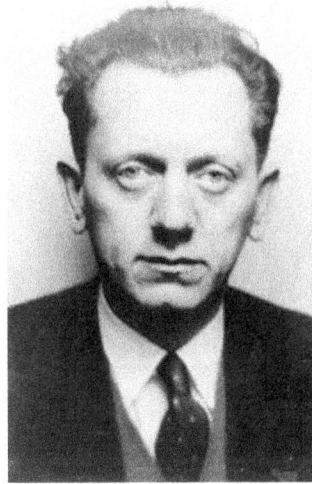

Benjamin Eckhaus.

---

[20] La ciudad más importante del ducado de Bucovine fue Cernauti (en rumano), Tchernovtsy (para los ucranianos), Chermivtsy (en ruso). Adosada a la vertiente oriental de la cadena del Carpates, la ciudad se encuentra hoy en Ucrania, muy cerca de la frontera septentrional de Rumania. La posición central y estratégica del Bucovine excitó las codicias de varias grandes potencias, como Polonia o Austria. En el Norte del Bucovine, se sucederá el imperio AustroHúngaro y la URSS después de la Segunda Guerra Mundial. En 1989 Ucrania se volvió independiente y heredó el Bucovine del Norte.

de concentración. De la investigación del caso Goldmann que practicó la policía belga en 1952, cito lo siguiente:

«Nuestro investigador, el señor Julien Wallemans, nos hace llegar el expediente número 19670, según el cual la señora Celli Goldmann era soltera y vendedora de profesión. Vivió en nuestro vecindario, en el número 132 de la calle del Mercado, desde el 22 de marzo de 1940 hasta el 12 de junio de 1940. De allí se mudó a un sitio desconocido, pero el 20 de julio de 1940 regresó al número 130 de la Calle del Mercado. Fue arrestada en diciembre de 1942, en un café cercano a su residencia, más o menos al mismo tiempo que arrestaban a Benjamin Eckhaus, desempleado, soltero, nacido en Czernowitz el 15 de mayo de 1901, y quien, al igual que Celli Goldmann, residió en nuestro vecindario. Vivió en el número 132 de la Calle del Mercado desde el 4 de junio de 1940 hasta el 19 de diciembre de 1940, fecha en que se mudó a otra casa en la misma calle. A Benjamin lo detuvieron en octubre de 1942 en una redada que se efectuó en el Palacio del Galgo mientras se celebraba una carrera de perros. Estas dos personas vivían juntas, pero sin que los uniera un lazo de parentesco. Nunca regresaron del cautiverio. El llamado Karl Eckhaus, sin profesión, nació en

Palacio del Galgo.

Vaslui el 30 de marzo de 1892, era viudo y vivía en el número 203 de la Calle Verde, mientras que su hermano Isidor Eckhaus, desempleado y casado con Emma Glandz, vivía también en la Calle Verde, en el número 114. Bruselas 09-19-52-W-J».

Como puede apreciarse, la persona que hizo la investigación, exactamente siete años después de haber finalizado la guerra, es lo que se llama un policía de barrio, pues conocía a la perfección la gente que residía en su zona.

En realidad, el pasado de los Goldmann era una larga y terrible historia que se remontaba al año 1912. Ya Polonia había dejado de existir como país debido a opresión de dos gigantes, primero el Imperio Austrohúngaro y luego el Imperio de los Zares. Era la Polonia de los pogroms.

Izaak Goldmann (Icek en polaco), de 30 años, nació el 20 de junio de 1882 en Pabjanice, y Lea Schtatlender (Laja en polaco), de 29, nació en Belchatow. Ambos decidieron buscar fortuna en otra parte. Los unía el amor y la esperanza, y eso era suficiente para ellos. Como no tenían los medios para celebrar el matrimonio, lo dejaron para luego y se dirigieron hacia el oeste. En el año 1913 estaban en Alemania. Allí, en Elberfeld, el 7 de marzo Lea tuvo su primera niña, a quien Izaak reconoció y la llamaron Esther Goldmann.

Lea Schtatlender.

Esther Goldmann.

En 1914 toda Europa empezó a temblar. Llegó la Primera Guerra Mundial y el fin de los imperios y la muerte de la realeza.

Estaba muy próximo el nacimiento del bolche-
vismo. Alemania se lanzó sobre Polonia, como lo
volvió a hacer en 1939... De repente Izaak y Lea
se hallaron en territorio enemigo. Lea, quien se
encontraba embarazada nuevamente, dio a luz
a su primer hijo en octubre de 1914: Abraham.
Izaak no le dio su apellido Goldmann, pues era
vendedor clandestino y vivía con la identidad de
su cuñado Joseph Schtatlender. Fue precisamente
con este apellido que inscribieron al pequeño
Abraham.

El éxodo siguió hacia el oeste, de una estación
del tren a otra, con lo poco que poseían, pero
ahora con dos niños tiernos: Esther, de año y
medio, y Abraham, un recién nacido. Llegaron a
cruzar la frontera de Luxemburgo, y allí residieron
ilegalmente. Como Izaak no poseía identificación,
fue expulsado, pero regresó tan pronto consiguió
todos los documentos pertinentes, siempre con
la identidad de Joseph Schtatlender. De manera
que estaban en Luxemburgo cuando el 2 de mayo
de 1916 nació Caecilia, a quien le decían Celli.
No inscriben a la niña con su verdadero apellido
Goldmann porque en el pasaporte que presenta
su padre Izaak aparece el apellido Schtatlender.
Al parecer la situación se estabilizó ya que Luxemburgo era una tierra muy hospitalaria para quienes

buscaban asilo y esa era una de las tradiciones más sagradas que tenía ese pequeño país. El 4 de julio de 1917 nació Sigmund, a quien su padre Izaak sí inscribió con su verdadero apellido Goldmann.

Llegó el año 1918 y finalizó la Primera Guerra Mundial. Polonia no estaba bajo la tutela de los zares, pero tampoco bajo la tutela austrohúngara. Los Goldmann tenían raíces allá, en la región de Lodz. Los progenitores de Lea estaban en Belchatow: su padre Chajer Berek, de 68 años, y su madre Hinde Weiss, de 66. Así que decidieron regresar para mostrarles los nietos a los abuelos. En ese momento Esther tenía cinco años, Abraham, cuatro, Celli, dos, y Sigmund, uno.

Iniciaron el lento regreso en sentido contrario, pues debían hacer algunas paradas para que Izaak pudiera trabajar en lo que fuera, y ganar algo, lo suficiente para seguir la marcha. Pararon en Colonia (Alemania) y fue allí donde, el 20 de octubre de 1919, nació el quinto vástago, una niña a

María Goldmann.

quien llamaron María. Después prosiguieron la marcha.

Ahora Chajer y Hinde podían morir en paz, se había realizado el sueño de conocer a sus nietos. Isaak y Lea regresaron con el regalo más grande del mundo: habían salido solos y volvían con sus cinco hijos. Chajer murió en el año 1924; siete años después, Hinder. Con esto termina el primer episodio de su azarosa vida en pareja.

XVII

AL ALCANCE DE HITLER

Donde hay humo, hay fuego.

En 1892 Rumania era tierra de grandes misterios. Allí, el 30 de marzo, en Vaslui, una pequeña ciudad en la región de Moldalvia, Simòn Eckhaus, de 24 años, y su esposa Pessia Liquornik celebraron el nacimiento de su primer hijo: Karl. Poco tiempo después salieron en dirección al norte, hacia la ciudad de Cernauti, donde había buenas oportunidades de conseguir trabajo. La región era célebre por sus monasterios, pues durante centenares de años sus estructuras resistieron las inclemencias del tiempo y múltiples invasiones guerreras.

Fue en Cernauti donde nueve años más tarde, el 15 de mayo de 1901, nació el segundo hijo: Benjamin. El 7 de

Charles Kahn.

octubre de 1893 tuvieron una hija: Paula. Seis años después la pareja tuvo un tercer hijo varón: Isidor.

Al igual que los Goldmann, los Eckhaus también vivieron en territorio del Imperio Austrohúngaro. Decidieron salir de Cernauti, a expatriarse, sin saber que terminarían siendo ciudadanos de un país que después no existiría (Polonia). Después todos se mudaron a Viena (Austria). Karl Eckhaus se casó con Sabine Vogel y tuvieron dos hijos: Gideon y Fred. Isidor contrajo matrimonio con Emma Glandz y tuvieron a Janet, mientras que Benjamin, a quien le decían Benno, se mantuvo soltero. En esa época él era vendedor y vivía con sus padres en el número 15 de Sachsenplatz, un pequeño suburbio de Viena.

Ser judío en Viena no era muy seguro en ese momento, porque su alcalde en la primera década del siglo XX, Karl Lueger, fue un anti-semita acérrimo. Lueger acusó a los judíos de ser personas peligrosas, con ideas subversivas, como el marxismo, el internacionalismo, el sentimen-talismo... De hecho, fue en Viena donde nació la idea del Partido Nacional Socialista de Adolfo Hitler.

La crisis económica de 1929-1930 empezó a diferenciarse de otras anteriores. Se empezó a afirmar que la culpa era de los refugiados y se gritaba: «la culpa es de los judíos». Para Izaak y Lea Schtatlender, igual que para Simòn Eckhaus y su esposa Pessia, la vida empezó a ser insostenible. Los padres de Lea ya habían fallecido, el padre en el año 1924 y la madre en 1931. De manera que para Izaak y Lea, Polonia ya no constituía un atractivo.

En 1933, Adolfo Hitler ya tenía plenos poderes y un año después la S.S. se encargaba de perseguir a los judíos, y se hacía cargo de los campos de concentración. En 1935, Simòn Eckhaus se encontraba solo con los niños, pues su esposa Pessia acababa de morir en Viena. Ya no sentía afecto por Austria y, al igual que los Goldmann, sentía algo raro en el ambiente; tenía muchas razones para temer lo peor. De manera que los Goldmann, con sus cinco hijos, como Simón Eckhaus con los suyos, otra vez comenzaron a recorrer la ruta del Éxodo (para Lea era la segunda vez).

Era un viaje sumamente peligroso, porque un ruso no podía olfatear a un polaco y viceversa. De igual manera, los rumanos y los rusos no tenían ninguna afinidad entre sí. Pero los Goldmann y los Eckhaus conocían ya el Este, acababan de venir de allá. La única ruta que les quedaba era hacia el Oeste. Todavía existía un pequeño paraíso que pudiera ofrecerles cierta protección, un país neutral, un país de asilo. Ese país era Bélgica. Para poder llegar hasta allí era preciso cruzar toda Alemania, un país donde existía un régimen policiaco, un país donde la gente se inclinaba fundamentalmente por el nazismo y todas sus teorías racistas. Ya el 65% de su población adulta pertenecía al Partido Nacional Socialista. En realidad, el sueño de Simòn Eckhaus, al igual que el de muchos judíos, era llegar a los Estados Unidos.

Para Izaak y Lea, este nuevo episodio representaba un viaje a través de toda Europa. Acababan de casarse y su luna de miel terminó mal. Izaak fue detenido en la frontera polaco-alemana en 1934, de donde lo mandaron a un campo de refugiados. Lea y sus hijos nunca más supieron de él. La pobre mujer, una madre muy valiente, siguió el viaje con sus hijos.

Por un breve tiempo vivieron en Colonia; en el número 15 de Kämmergasse para ser más exactos. ¿Cuándo lograron cruzar la frontera hacia Bélgica? Los documentos oficiales revelan que María llegó en 1938, en fecha no precisada; Siegmund, en mayo de 1938; Celli, el 15 de julio de 1938; Lea, el

19 de enero de 1939; Abraham, en enero de 1939; y Esther, el 26 de marzo de 1939. Entonces Lea tenía 55 años, Esther 25, Abraham 24, Celli 22, Siegmund 21 y María 19.

Al igual que en Colonia, en Bruselas Lea nunca se separó de sus hijos. Allí todos encontraron trabajo: Lea y María como costureras, Siegmund y Abraham como zapateros, Esther como vendedora y Celli también como vendedora, pero por muy poco tiempo.

Hay prueba firme de que todos arribaron a Bélgica sin documentos al día. Lea, por ejemplo, sólo pudo presentar su certificado de matrimonio. Sólo se inscribieron cuando los descubrió el policía del vecindario, cuando hacía semanas o meses que vivían clandestinamente en ese país. Había que hacerlo de esa manera, pues de otra forma se arriesgaban a que los encarcelaran. La prueba más contundente de ese posible destino fue que Abraham no pudo escapar de aquella cacería y fue encarcelado en una de las prisiones de Bruselas. Pero como él no aparecía con el mismo apellido de los demás, se pudo dar la voz de alarma y fue el único detenido.

Todos se mantuvieron muy unidos. El peligro no los llevó a diseminarse. Vivieron en calles adyacentes, pero la calle principal fue la del Mercado, debido a que allí vivía Lea con Siegmund. A medida que transcurría el tiempo se mudaron a otras calles próximas. La última dirección de Celli fue el número 96 de la Calle del Mercado. Fue allí que hizo amistad con Benjamín Eckhaus, quien vivía a la vuelta de la esquina. ¿Sería por la falta del padre que Celli se enamoró de aquel hombre que le llevaba quince años (tenía 37)? Él también vivía en el exilio, sin padre ni madre. ¿Quizá Celli para él representaba a la hermana que podría estar ya en los Estados Unidos? Imaginemos su primer encuentro:

-¿Cómo, tienes dos hermanos?

-Sí, Karl, quien vive en el número 203, e Isidor, en el número 114.

-¡Pero si mi hermana Esther vive en el número 218 y María, mi otra hermana, frente a frente, en el 217!

En mayo de 1938 ya Celli estaba embarazada. El 6 de enero de 1939 nació la primera hija, Madeleine, quien recibió el apellido materno: Goldmann. Celli no está casada y no podía casarse con Benjamin porque hubiese significado acusarle ante las autoridades; para él podía suponer la cárcel o, peor quizá, la expulsión del país. Tampoco Benjamin estaba al día con sus documentos. Por esa misma razón arrestaron a Abraham. Como medida de seguridad, Celli siguió viviendo en la misma calle. Con Benjamin en la Calle Zerezo estaban a un paso el uno del otro. Lea vivía en el número 18 de la Calle del Correo. Después Celli se mudó al número 91 de la Calle del Mercado. En 1938, Benjamín había declarado a las autoridades belgas que no pensaba residir definitivamente en Bélgica, que iría en busca de una hermana que residía en Nueva York.

En ese momento ya se percibía que la guerra era inminente. Los alemanes ocuparon Polonia. Había que huir, y hacía mucho tiempo que los Eckhaus lo estaban pensando. En marzo de 1939, Benjamin partió a Francia, probablemente buscando escapar de aquella encerrona. ¿Cuánto tiempo estuvo ausente? Eso es un misterio, pero significó que el 31 de mayo de 1939 lo eliminaran del Registro Poblacional. Pero regresó. Posiblemente ignoraba que habían borrado su nombre del Registro y no se reinscribió. Al menos se sabe que aún en junio permanecía en Bruselas, porque Celli ya estaba encinta por segunda vez. El 5 de marzo de 1940 nació Astrid.

En julio de 1939, Isidor y Emma habían salido para Londres. El 10 de mayo de 1940, Bélgica fue invadida por los alemanes. Millares de personas comenzaron el éxodo; entre ellos se encontraban Lea Schtatlender y Karl Eckhaus. El 4 de junio de 1940, Benjamin recibió una notificación del gobierno belga: le concedían sesenta días adicionales, a partir del primero de junio, para que saliera del Reino. Por lo menos eran dos meses de gracia. Benjamin, de repente, se encontró sin sus hermanos, pero al fin volvió a reunirse con Celli y se establecieron en el número 132 de la Calle del Mercado. En diciembre se mudaron al número 130 de la misma calle. Aunque tenían dos meses para abandonar el país, dos años más tarde, en 1942, aún estaban en Bélgica. Ese mismo año Celli le dio otro hijo: Charles. Sin embargo, el peligro era constante; había que esconderse donde se pudiera.

Abraham Schtatlender, el hermano mayor de Celli, quien ya había conocido la cárcel y estaba fichado, fue al primero que arrestaron. Le siguió Siegmund, casi al mismo tiempo. Tras ser identificados con unos tatuajes, Siegmund con el número 8

Abraham Schtatlender.

y Abraham con el número 12, el 18 de agosto de 1942 formaron parte de la escolta número 4 con destino a Auschwitz.

En octubre de ese mismo año le tocó el turno a Benjamin. Según el policía de zona que hizo la investigación, las diversiones en Bruselas eran muy pocas, pero había

Siegmund Goldmann.

una a la cual asistían centenares de personas: las carreras de perros que se celebraban en *Le Palais du Lévrier* (llamado también Palacio del Galgo).

Este palacio era una estructura cuadrilátera que acogía muchos negocios pequeños. La galería que los rodeaba sostenía los pilares principales de la estructura. Según el testimonio de un buen número de personas que presenciaron las redadas efectuadas por la policía alemana, era precisamente entre las multitudes que buscaban a los judíos. Mucha gente trataba de escapar escondiéndose detrás de los pilares y en los baños, pero la Gestapo, ametralladora en mano, los aguardaba a la salida.

Ese precisamente fue el error que cometió Benjamin. Un día que habían acordonado el edificio, lo arrestaron cuando se disponía a abandonar el lugar, al finalizar las carreras.

XVIII

MÁS PERSECUCIONES

Nada que sea violento será permanente.

-A Benjamín -nos dijo la señora Marion de Meersman, quien en 1942 era secretaria del orfanato de las Hermanas de la Caridad- lo conocí poco antes de que lo arrestaran en octubre. Ese día sabíamos que la Gestapo efectuaría una visita a nuestro orfanato, que también tenía una guardería. Sor Cecilia me pidió que escapara y llevara al pequeño Charles donde su madre, quien era de apellido Goldmann y vivía en la Calle del Mercado. Fue allí donde yo había conocido a la pareja. Ella era de estatura baja y muy nerviosa, y él, mayor y muy atento con ella. Por lo visto se amaban intensamente. No permanecí en el apartamento por mucho tiempo. Ahora bien, el apellido Eckhaus no me viene a la mente. Creo que él se hacía llamar Henri Treitler, pero al ver hoy su retrato no tengo la menor duda en afirmar que era Benjamin Eckhaus. ¡Sí, señor, así fue el final de Benjamin!

Podemos imaginar la angustia que pasó Celli, sola con tres niños: Madeleine, de tres años; Astrid, de dos; y Charles, de cuatro meses. Para ella la angustia aumentaba a medida que pasaban las horas. Pasó su primera noche sola. ¿Dónde estaba Benjamin? Pero ya Benjamin estaba muy lejos. Iba en la escolta 13, con el número 159. Esta escolta tenía dos destinos: Gogolin, para los hombres aptos, y Auschwitz, para las mujeres y los niños. A lo mejor, Esther y María, sus hermanas, la ayudaron a sobrepasar aquella dura prueba. María estaba casada con un tal señor Faust, lo que para ella significaba alguna seguridad. El 15 de enero de 1943 le tocó el turno a Esther. Se la llevaron en la escolta 18 con destino a Auschwitz, y le asignaron el número 967. Entonces Celli tomó una decisión crucial, la de entregar a sus hijos. Se dirigió al orfanato de las Hermanas de la Caridad en la calle de la Flecha, donde conversó con sor Cecilia y le dijo: «Hermana, si no regreso, ¿podría usted hacerse cargo de las niñas?». Luego la arrestaron en un pequeño café que quedaba en la Calle de las Plantas, en el mismo momento en que también arrestaban a su hermano, afirma el policía J. W. en su informe. Obviamente, se trata de un error. Debe haber sido su hermana María, ya que a los hermanos ya los habían arrestado. La prueba es que a ambas las deportaron a Auschwitz en la escolta número 20, el 19 de abril de 1943. Celli con el número 220 y María con el 600».

Karl Eckhaus.

Los Eckhaus, al igual que los Schtatlender y los Goldmann, no eran personas prominentes. Eran obreros, artesanos, personas humildes y sin fortuna, personas sin influencias. Esta fue su historia, y fue esto lo que les hicieron. No representaban ningún peligro, y tampoco intimidaban a nadie. Nadie en su sano juicio debía olvidar aquello.

Charles Kahn.

En 1978 tuve en mi poder los retratos de mi familia, gracias a las gestiones de Jacques Limage. Teníamos la esperanza de encontrar vivos a algunos tíos y primos, pero no había pistas de sus paraderos. ¡Quizás Isidor esté en Inglaterra!, nos decíamos. Tendría unos 69 años, y Karl, 86[21]. Por lo menos sabíamos que había logrado escapar a tiempo a Londres y que, desde allí, a través de la agencia United Search Bureau, había iniciado la búsqueda de su hermano Benjamin.

---

[21] En marzo de 2008 Gideon Eckhaus, hijo de Karl que vive en Israel, me informó que Karl fue arrestado en Francia y lo enviaron al campamento de Drancy el 14 de agosto de 1942, lugar a donde deportaron a los judíos.

XIX

ISIDOR

Asegúrate de que estás en el buen camino y entonces síguelo.

En febrero de 1978, llegó otra carta de Limage. Había recibido información del Servicio Social Judío de que en 1938 Simòn Eckhaus se marchó de Austria a vivir a los Estados Unidos. Era casi improbable que aún estuviese vivo, pues había nacido en 1886. Tal vez Isidor Eckhaus, quien salió de Bélgica hacia Londres, en julio de 1939, estuviera vivo, ¿pero dónde? Yo no sabía por dónde empezar la búsqueda. Quizás debía acudir a Scotland Yard, pero antes decidí escribirle al director del FBI en Washington y darle detalles pertinentes del caso. Esta fue la respuesta que recibí del funcionario:

Estimado señor Kane:

He recibido su carta de 10 de marzo de 1978 relacionada con la búsqueda de su familia. Una minuciosa investigación de nuestros records nos permitió encontrar a un tal Isidor Eckhaus, quien pudiera ser su tío. No tenemos información adicional sobre eventos posteriores a la fecha en que él fuera registrado en el Servicio de Inmigración y Naturalización de Nueva York.

El 16 de marzo de 1978 el señor Eckhaus residía en Kew Garden Hills, Long Island, New York. Nosotros en el FBI no tenemos la autoridad legal para iniciar una investigación a fondo sobre esta persona. De hacerlo, nuestra Agencia podría cometer una violación de carácter federal. Le recomiendo que escriba al Director de Inmigración y Naturalización para ver cómo pueden ayudarlo. Además, el Departamento de la Policía de Nueva York, a través de su sección de personas desaparecidas, quizá pueda suministrarle alguna información valiosa.

Sinceramente,

William H. Webster, Director

Llamé directamente a la Policía de Nueva York y hablé con el funcionario a cargo de la Sección de Personas Desaparecidas. Este agente me informó que debía redactar una carta en la cual explicara formalmente la razón de la investigación y que el proceso podría tomar algún tiempo. Entonces decidí llamar a la operadora de la Compañía Telefónica de Nueva York. Le expliqué que tenía suma urgencia de conseguir el número de teléfono de Isidor Eckhaus con probable domicilio en Nueva York, pero que no tenía su dirección.

Después de escucharme me dijo que aquello era sumamente difícil, debido a que tenía que «chequear» los distritos de Manhattan, Queens, Bronx, etc., pero que por tratarse de una emergencia con mucho gusto lo haría. Poco tiempo después me informó que tanto en el Bronx como en Manhattan había unos cuantos Eckhaus, pero nadie con el nombre de Isidor. Sin embargo, pronto me reveló que aparecía un Isidor Eckhaus en Queens. Me dio el número de teléfono y la dirección. Le aseguré a la operadora que estaba muy agradecido y la felicité por su eficiencia.

Llamé al teléfono indicado. Respondió una voz femenina.

-¿Es ésta la residencia del señor Eckhaus?

-Sí, señor.

-¿Está él?

-No, ¿de parte de quién?

-Del señor Charles J. Kane.

-Dígame señor Kane, soy la esposa del señor Eckhaus.

-Bueno señora, necesito hablar urgentemente con el señor Eckhaus. Estoy llamando desde Puerto Rico.

-¿Desde Puerto Rico?

-Sí.

-Bueno, yo creo que él llegará un poco más tarde.

-Muchas gracias señora, volveré a llamar luego.

Por la noche volví a llamar. Salió la misma voz.

-¿Llegó el señor Eckhaus, señora?

-No, pero mi esposo me informó que no conoce a ningún señor Kane de Puerto Rico.

-Bueno, déjeme explicarle. Estoy haciendo una investigación de mi familia y el nombre de su esposo salió a relucir.

-Usted debe estar loco señor; él no conoce a ningún señor Kane de Puerto Rico.

Decidí ir directamente al grano.

-Mire señora, la única cosa que quiero saber es si usted es Emma Glandz.

-Sí, señor.

-¿Y por casualidad su esposo nació en Czernowitz, Rumania, el 3 de marzo de 1909?

Entonces percibí que la señora estaba asustada. Me pidió que llamara más tarde. Yo estaba seguro de que había dado en el clavo. Volví a llamar tarde en la noche, según ella me había indicado, pero entonces el teléfono sonó ocupado.

Emma Eckhaus.

La noche siguiente le expliqué a la señora Eckhaus que no debía asustarse, que yo tenía una necesidad imperiosa de hablar con su esposo. Me dijo ahora que su marido no vendría por varios días, debido a que estaba sumamente ocupado. Entonces no supe cómo seguir. Pensé que quizás lo mejor era trasladarme a Nueva York para sostener una reunión con aquellas personas. Daba la casualidad que todos los años los rabinos tenían su Asamblea Anual y que ese año se efectuaría en la ciudad de Nueva York la semana siguiente.

Decidí hablar con el rabino Sandberg sobre la nueva situación. Me informó que la gran mayoría de los rabinos se habían inscrito para asistir a la Asamblea, y que él haría todo lo posible por ayudarme e intentaría, incluso, hablar personalmente con los Eckhaus. A los pocos días me pidió que fuese a verlo a su oficina. El Rabino de Queens conocía a Isidor Eckhaus e iría a verlo inmediatamente para explicarle aquella increíble historia.

Las gestiones de los rabinos dieron buenos resultados. Después de aquel momento, hablé varias veces con Isidor. Me confesó que su esposa no le había dicho absolutamente nada debido a que él estaba recluido en un hospital. Había sufrido un ataque cardiaco. Me comunicó otro detalle revelador: que su hermana también vivía en Nueva York. Y me aseguró que él, al igual que su esposa, estaba muy consternado por aquella historia. Le expresé mi interés de visitarle tan pronto él se recuperase totalmente.

Para mí, haber encontrado familiares vivos, era algo extraordinario, máxime cuando mi tío Isidor había salido de Bélgica en julio de 1939, hacía exactamente 39 años. Yo estaba totalmente consciente de la labor que había realizado hasta entonces. En mi interior existía una fuerza que me empujaba a buscar mi identidad. Creí firmemente entonces, y lo seguí creyendo después, que nadie debía vivir sin saber de dónde provenía. Era un hecho comprobado que ningún árbol podía vivir sin sus raíces. Durante un par de meses no vi a Eliane, mi hermana adoptiva que vivía en San Juan. La llamé varias veces, pero percibí que no había interés en encontrarnos. Yo debía actuar como me lo indicaba mi conciencia, no podía sacrificar mi voluntad por el deseo personal de otros. Para mí resultaba extraño ver cómo había tanta gente en el mundo que se dejaba influir sin por lo menos analizar lo perjudicial que podía ser todo aquello.

Un par de semanas después recibí una llamada telefónica de Isidor. Me indicaba que estaba mucho mejor de salud. Nuevamente le expresé mi deseo de visitarlo, y él amablemente me invitó a que fuera su huésped. Le prometí llevar conmigo toda la documentación y las fotografías referentes al caso Goldmann-Eckhaus.

Isidor Eckhaus.

El siguiente sábado abordé un avión hacia Nueva York. Llegué a eso de las cuatro de la tarde y allí, en la sala de espera de la compañía, me aguardaba Isidor con su esposa Emma. Nos saludamos efusivamente. Aparentaba tener muy buena salud. Me confesó que aquella historia le había dado cierta vitalidad. Nos dirigimos a su hogar donde nos esperaban Paula y su hija Janet. Visiblemente emocionado, Isidor propuso un brindis a mi salud y a la de todos los demás. Nos sentamos a platicar por el resto de la tarde. Le hice un recuento de todo lo que había sucedido desde el 21 de marzo de 1977 hasta entonces, del viaje que yo había hecho a Bélgica, del encuentro con mis hermanas y del recorrido que hicimos juntos hasta Luxemburgo.

Le enseñé todas las fotografías, los documentos, las declaraciones juradas, etc. Aproveché para preguntarle si alguna vez había conocido a mi madre biológica, Celli Goldmann. Me contestó que no. También le pregunté por qué Benjamin no pudo abandonar Bélgica, como lo había hecho él. Me respondió que en aquel tiempo existía un sistema de cuotas impuesto por los Estados Unidos a los países europeos.

Además, apuntó que su hermano pudo haber tenido otros problemas de tipo personal que él desconocía. Me confesó que Benjamin era una persona sumamente reservada en sus asuntos. Por otro lado, me dijo que su hermana Paula pudo salir a tiempo con su esposo; viajó de Viena a Nueva York. En cuanto a su otro hermano, Karl, me confirmó que efectivamente había enviudado en Viena, poco antes de la entrada de los nazis a Austria, pero que pudo enviar a sus dos hijos a lo que hoy era el estado de Israel, donde residían.

XX

BUENAS Y MALAS NOTICIAS

Los que temen una caída están medio vencidos.

Cuando regresé de Nueva York, mi esposa me recibió con una avalancha de cartas que habían llegado por correo. Una de ellas llamó mi atención de inmediato, era de Jacqui Crockaert. Cuando la leí se me conmovieron hasta los huesos. Sencillamente era una carta excepcional que me dejó mudo por un largo rato.

Mi querido hermano Charles:

*Soy el hijo de madame Crockaert. Después de haber leído tu historia en la revista **Le Soir Illustré** estoy muy consternado, al igual que mi esposa. Efectivamente, mi madre te recibió en su hogar a fines del año 1942, cuando eras un recién nacido. En esa fecha yo tenía doce años, y era quien te llevaba diariamente a la guardería. Tengo que contarte esta breve historia y no tengo razón alguna para revelarte hechos que no sean* ciertos. *Mi madre cuidaba a unos nueve o diez niños en Bruselas durante la guerra y mi padre trabajaba como albañil en la prisión de St. Gilles. Muchas veces él, a riesgo de su vida, pasaba en una hogaza de pan cartas que los presos enviaban a sus familiares. Me consta personalmente que mi madre sabía que eras un niño judío y que una Organización Judía que radicaba en Bruselas pagó por nuestro trabajo. Tres o cuatro veces a la semana un soldado alemán nos visitaba. Venía uniformado. Recuerdo que trabajaba en la división de provisiones del ejército. Por las noches nos llevaba unos cuantos sacos de papas y hasta jugaba contigo. Para decirte más, se llamaba Knotz y tenía cuatro hijos.*

Sé que la historia que te estoy contando parece un cuento de hadas, pero es toda la verdad. Yo a veces te daba el biberón. De manera que entre diciembre de 1942 y junio o julio de 1946 estuviste en nuestra casa (tres años y medio). A comienzos de 1946, la Comunidad Judía empezó a recoger a todos los niños que estaban a cargo de personas como mi madre. Fuimos a un Centro que fuera tenía una enorme bandera con una estrella de David. Este Centro quedaba a dos pasos de donde Jacqueline tenía su negocio. Mi madre, por su parte, no quería que te llevaran; quería adoptarte.

Recuerdo, como si fuera ayer, que una trabajadora social tocó a la puerta. Mi padre, que nunca en su vida había llorado, estaba llorando. Todos quedamos en estado de shock. Para mí eras, y eres, mi hermano.

Recuerdo también que la trabajadora social le entregó a mi madre una medalla que estaba en un estuche. En uno de sus lados tenía la estrella de David y una señora que llevaba a un niño en los brazos. En el reverso decía: "Los niños judíos, a Madame Crockaert". Unos días después conocí allí a tu madre adoptiva. Era una señora elegante y bondadosa. Hasta la fecha de su muerte en 1975, mi madre me decía que no volvería a verte.

Tu hermano,
Jacqui Crockaert

Madame Crockaert junto a su hijo Jacqui Crockaert.

Así como recibí esta carta que me revivía la fe en la solidaridad humana, también llegaron noticias desalentadoras. Muchos de los joyeros que conocían a Jacqueline Kane sabían que ella no había fallecido de muerte natural y estimaban que algo raro había en el ambiente desde hacía muchísimo tiempo. De hecho, el informe preliminar de la Policía parecía confirmar la sospecha de un asesinato:

El día 23 de marzo de 1977, a eso de las diez de la mañana, se recibió una querella en el sentido de que había una persona muerta en el 308 de la Calle San Francisco en el Viejo San Juan. Los agentes se personaron al lugar de los hechos, resultando éste ser en el tercer piso de donde ubica la tienda Franklyns. Del segundo al tercer piso hay que subir once escalones a la derecha. Al final y a la izquierda misma aparece el cadáver de una mujer blanca, en estado de descomposición. Viste pantalón blanco, zapatos blancos y medias de nilón. Tiene un suéter verde de franjas blancas. Está sentada, como semi recostada en la pared. La persona indicada a declarar sobre este caso lo es un agente de Servicios Técnicos, quien es la primera persona en bregar con el cadáver. En el examen exterior del cadáver no se observaron prendas de clase alguna, ni evidencia que pudiera dar conclusiones sobre la causa de la muerte, aunque por las circunstancias de su aparición esto se trata claramente de un asesinato. Entrevistamos al conserje del edificio y hemos entrevistado a otras personas del edificio y ninguno de los entrevistados ofreció información adicional.

Sin embargo, otro informe de la Policía, esta vez del Negociado de Investigaciones Criminales, sembraba más dudas de las que aclaraba. En parte el informe decía así:

Aparentaba como si fuera una muerte violenta. Estuve presente durante la autopsia y procedí a entrevistarme con el médico forense, que me declaró que la señora Jacqueline Kane había fallecido de muerte natural. En el lugar de los hechos su cuerpo apareció detrás de unos zafacones de basura. El pelo contenía una cantidad indeterminada de viruta de madera, además de que varios paneles de madera habían sido colocados por los lados, todo esto aguantado por dos bloques de concreto.

Después averigüé que estos bloques de concreto eran los contrapesos del ascensor. ¡Y cada bloque pesaba alrededor de doscientas libras!

¿Cuántos casos similares había en aquellos momentos? Nadie lo sabía, pero sí se tenía conocimiento de que desde el año 1974 algo andaba mal en la Policía de Puerto Rico. No se le prestó atención al asunto a pesar de que varios joyeros habían sido asesinados en la Isla en circunstancias misteriosas.

Nadie imaginaba tampoco que el manejo de las investigaciones por las autoridades locales desembocaría luego, en 1982, en lo que podría calificarse como el más grave caso de corrupción en la historia del País.

XXI

EL INVESTIGADOR POLICIACO Y EL PATÓLOGO NO CONCUERDAN

La verdad nunca envejece.

En 1974, un joyero de Brooklyn llamado Leo Dershowitz, fue encontrado muerto en la carretera 174 de Guaynabo. Cuando lo secuestraron, llevaba consigo más de medio millón de dólares en piedras preciosas. A este caso le siguió el de Howard Block, un residente de Chicago cuyo cuerpo baleado fue encontrado en el sector El Verde. Las joyas y los diamantes por valor de 250,000 dólares que llevaba consigo nunca aparecieron.

El 3 de octubre de 1977, el *Daily News* publicó una columna que decía: «Seis vendedores de diamantes asesinados en los últimos tres años en Puerto Rico. El FBI investiga, se cree que el Crimen Organizado está involucrado. Existe la posibilidad de una conexión diamantera entre

Not to Jump

rn. is helped from the south tower of the
vice officers yesterday afternoon after he
talked of personal problems, was taken to
e Hospital for observation.

News photo by Ed Molinari

Six Gem Dealers Slain in 3 Years; FBI Hunts Jewels

By RICHARD EDMONDS

At least six diamond merchants have been murdered and a seventh has vanished in a three-year wave of robbery and terror connected with Manhattan's diamond district.

An FBI spokesman in Washington reported yesterday that the bureau has entered the worldwide search for a fortune in gems taken from the victims.

And the police and federal agents said yesterday that traditions of silence and secrecy are breaking down among the businessmen who control the world's diamond trade.

In seeking aid from law-enforcement agencies, diamond merchants have disclosed a number of previously unpublicized slayings.

For example, David Kronenberg told The News yesterday that his brother Haskell, 27, was carrying $500,000 worth of diamonds — not $100,000 as previously reported — for customers in southern Florida when he arrived in Miami on Aug. 25. Haskell Kronenberg, who was a salesman for Leo Frisch & Co., 580 Fifth Ave., was found dead from bullet wounds on the beach at Key Largo on Aug. 31.

It was also disclosed that Haskell Kronenberg was a close social acquaintance of Shlomo Tal, 31, a principal witness in the murder of Pinchos Jarowlawicz, 25, a diamond broker found slain last Wednesday. David Kronenberg said yesterday he believes the murders of his brother and of Jaroslawicz are connected. Jaroslawicz was carrying up to $2 million in diamonds that are now missing.

The FBI spokesman said yesterday: "We are in this case because we are required to investigate any theft greater than $50,000 when it is likely that the stolen goods will be sold across state lines."

The FBI is concentrating its investigations on missing diamonds. In San Juan, Puerto Rico, where four gem traders were robbed and murdered in the last three years. One dealer vanished on his way to San Juan.

Sources close to Hector M. Lugo, chief of police for Puerto Rico confirmed that the first in the wave of slayings occurred about three years ago when a diamond cutter named Leo Dershowitz of Brooklyn vanished with $500,000 in stones. Dershowitz' body was found a few days later in a field.

Several months later, a Chicago-based dealer named Block, with business connections in Manhattan, was reported shot dead on the island.

Another frequent visitor to Puerto Rico, a diamond merchant named Kleinhaus, was killed in his San Juan office about the same time, the sources said.

Jacqueline Kane, a New York diamond broker who carried hundreds of thousands of dollars of diamonds in a money belt, was found dead behind a row of garbage cans in a San Juan alleyway on March 21.

Citing the law that requires the FBI to investigate large thefts, an agent in San Juan confirmed yesterday that the bureau is trying to solve the case of Abraham Shafizadeh, 31, another broker who disappeared with as much as $250,000 in diamonds July 27.

Shafizadeh, who lived in Rego Park, Queens, had been on his way to San

uant in Helping Absentees

MARK LIFF

students appear to have been written f Education in "paper classes" set up or other duties.

New York City, which found that 83% of all crimes by children ages 7 to 15 occurred between 8 a.m. and 4 p.m. — when school is in session.

Arrests have increased nearly fourfold since 1960, the report said.

The report found a strong relationship between truancy and unemployment and welfare. In an attempt to combat the problem, the Board of Education has set up a task force to deal with chronic truants as they progress from high school to college. But the layoff of more than 200 attendance teachers has made it difficult to handle the problem, Mulry says.

Adlai Stevenson High School have registers of 483 students. And at James Monroe High School, there are 510 enrolled in phantom classes.

DeWitt Clinton High School has 600 chronic truants split into two "paper classes," and there are only two part-time attendance teachers to deal with their problems. One teacher at a Manhattan high school has 250 students on her register.

"No effort is being made to service them, says a spokesman for United Federation of Teachers President Albert Shanker. "These kids are just being kept on paper."

And those maintained on the register cannot be struck off until each case is investigated, the spokesman said. "There just aren't enough attendance

Nueva York, Miami y San Juan. De acuerdo con lo expresado por varios vendedores de piedras preciosas, existe una conexión israelita cuya sede principal está en Tel-Aviv, Israel. Se sabe que el FBI está concentrando su investigación en San Juan de Puerto Rico. Un vocero de la Agencia informó que estaban investigando esos casos debido a que una ley federal requería que fueran ellos quienes lo hicieran cuando el valor de la mercancía robada sobrepasara los $50,000».

Cuando unos meses antes me presenté por primera vez a las oficinas del FBI en San Juan, nadie allí, ni aun el agente especial que me atendió, habló de esa ley federal. Le dije claramente al agente que Jacqueline Kane efectuaba todas las compras de mercancía en Nueva York.

El 4 de octubre de 1977, el coronel Héctor M. Lugo le informó a un periódico de Puerto Rico que la Policía de Nueva York se había comunicado con él con el fin de coordinar la investigación del asesinato de los joyeros. Confirmó que, efectivamente, dos de los joyeros habían sido asesinados en Puerto Rico, Dershowitz y Block, pero admitió que no tenía un informe sobre la otra víctima, Kleinhaus. En cuanto a la muerte de la señora Jacqueline Kane, afirmó que ella había fallecido de consecuencias naturales y citó el informe del patólogo forense. En ese mismo artículo Lugo habló de la desaparición de otro joyero de nombre Abraham Shafizadeh, pero manifestó que no sabía si había salido de Nueva York con destino a San Juan.

EL NUEVO DIA — MARTES 4 DE OCTUBRE DE 1977

En acción contra la mafia de los diamantes

Por Por JOSE RAFAEL REGUERO
De El Nuevo Día

LA POLICIA de Nueva York se comunicó ayer tarde con el director del NIC, Héctor M. Lugo a los fines de coordinar las pesquisas sobre el asesinato de seis negociantes en piedras preciosas y el robo de millones de dólares en prendas.

El multimillonario robo y la cadena de crimenes surge del distrito que comprende el negocio de joyería fina en Manhattan, pero la conexión mafiosa en este negocio tiene fuertes vínculos con personas y entidades en San Juan y se cree que los diamantes estén aquí.

Anoche mismo el coronel Lugo se reiteró en sus anteriores informes en el sentido de que el negocio de joyería en Puerto Rico constituye "un frente" para los grandes traficantes y financieros de drogas.

Al surgir informes respecto a la muerte de negociantes de joyas aquí en Puerto Rico, Lugo confirmó el asesinato de dos de ellos. El primero, con quien comenzó la cadena de asesinatos que culminó con la más reciente ocurrida en Nueva York, fue identificado por Lugo como Leo Dershowitz, cortador de diamantes de Brooklyn.

DERSHOWITZ fue asesinado el 7 de febrero de 1974 en la carretera 174, en Guaynabo. Su cadáver apareció tirado a orillas de la vía pública con un balazo en la cabeza y otro en un brazo. Le llevaron $500,000 en piedras preciosas.

Otro que cayó en forma casi idéntica, Howard Block, era un negociante de diamantes de Chicago

que apareció con dos balazos en la cabeza en el sector El Verde, en Río Grande. Su cuerpo fue localizado a orillas de la carretera 186. El hombre, que fue asesinado meses después de ser muerto Dershowitz, tenía "fuertes vínculos" con el distrito de diamantes en Manhattan. No se informó la cantidad que le fue robada.

Por otro lado, Lugo dice que no tenía informes sobre otro a quien el periódico "Daily News" de Nueva York, da como asesinado también en Puerto Rico, es decir, un tal Kleinhaus, a quien se le identifica como vendedor de diamantes "que visitaba Puerto Rico con mucha frecuencia". Según el diario neoyorkino este hombre fue asesinado en San Juan.

OTRA DE LAS personas a quien se le incluye en la misma lista de muertes, la vendedora de diamantes de Nueva York, Jacqueline Kane, fue encontrada muerta detrás de unos zafacones de basura en una calle de San Juan. Sobre esta muerte el coronel Lugo explicó que la mujer había fallecido "de consecuencias naturales", y citó el informe del patólogo Rafael Criado. Pero el hijo de ella, Charles J. Kane, argumentó que "nadie se esconde a esperar la muerte detrás de zafacones de basura cuando sufre un ataque al corazón".

También se informó sobre la desaparición de un negociante en diamantes que salió en ruta de Nueva York hacia Puerto Rico, Abraham Shafizadeh. Pero, el hombre ha desaparecido "como si se lo hubiese tragado la tierra". Sobre esto comentó Lugo que ni siquiera se sabe si llegó a salir de Nueva York con destino a San Juan.

Precisamente, el caso más sensacional de esa época fue el Abraham Shafizadeh. El 28 de julio de 1977 el comerciante abordó un avión de American Airlines hacia Puerto Rico y le dijo a su socio que iría a ver a un conocido joyero de San Juan que le adeudaba alrededor de $80,000. Traía diamantes valorados en una cantidad que fluctuaba entre trescientos mil y medio millón de dólares. Su cuerpo fue encontrado el día siguiente en las cercanías del pueblo de Ciales, baleado y quemado. Si la policía de Nueva York se comunicó con el coronel Lugo el 3 de octubre de 1977, ¿qué pasó desde que Shafizadeh desapareció en julio de ese mismo año? A esta pregunta la Policía no dio una contestación.

Así, poco a poco, la Isla del Encanto se convirtió en el Paraíso del Crimen Organizado. Podrían mencionarse, como ejemplos, otros casos igualmente enigmáticos, como el de un ciudadano dominicano que desapareció del aeropuerto de Isla Verde con $700,000 en efectivo, y el del joyero Herbert Bloom, quien alquiló un auto en el aeropuerto y fue asaltado en el estacionamiento de Plaza Carolina mientras llevaba $750,000 en piedras preciosas. Milagrosamente este señor se salvó de la muerte.

Cabe mencionar también el caso del robo de un cargamento de oro valorado en 1.5 millones de dólares que transportaba la línea aérea Iberia; el asalto a la Cooperativa de la Policía en el que los ladrones se llevaron un botín de $100,000; el robo de diamantes por valor de $250,000 a una Corporación en San Juan... Lo que cabe preguntar entonces es: ¿Qué pasó con todos esos diamantes robados? ¿Fueron revendidos en Puerto Rico o en los Estados Unidos? ¿Quiénes compraron la mercancía robada?

Por otro lado, una situación de caos existía en el Instituto de Medicina Legal. En marzo de 1980 un ciudadano bien conocido fue asesinado a martillazos en vísperas de una marcha contra el crimen[22]. Según la prensa, el cadáver fue descubierto por una hermana del occiso. Tenía 62 años y lo asesinaron para robarle en su propio apartamento en un edificio multipisos. Un informe detallado ofrecido por el jefe de la División de Homicidios de Ponce, señaló que el occiso fue encontrado en el piso de su alcoba, tendido boca arriba y con una mano colocada sobre el corazón. Su boca tenía sangre seca que le manaba en hililos y le llegaba al cuello. El infortunado sexa-

---

[22] *El Nuevo Día,* 29 de marzo de 1980.

genario fue muerto para luego violentar su caja de caudales y robarle. La caja apareció forzada y en el piso quedaron numerosos papeles que no interesaron al asesino.

Comentó un testigo ocular del crimen: «Yo vi salir corriendo a un hombre, pero no podría describirlo. Sé que era joven, pero no podría informar nada más». En el lugar de los hechos un detective encontró un martillo ensangrentado, y el difunto, en el mismo centro de la cabeza, mostraba un golpe contundente, evidentemente producido por el martillo. De acuerdo con el forense que realizó la autopsia (el doctor Rafael Criado), se trató de una muerte natural. Lo raro del caso fue que aunque los hechos ocurrieron en medio de un robo, el informe dijo que un ataque al corazón que le sobrevino al señor se produjo en circunstancias sumamente misteriosas. No quedó claro si ocurrió antes de entrar los ladrones al hogar o si fue el resultado del pánico por las amenazas de agresión y muerte. Por otro lado, el patólogo relató que el examen *post mortem* demostró otra situación curiosa: que por varias horas el cuerpo estuvo tendido boca abajo en el piso y que luego, alguien, por razones que él no pudo explicar, lo levantó del suelo y lo acostó boca arriba en la cama, pero rechazó la versión del NIC de que murió de martillazos.

Éste fue el mismo patólogo que llevaba cuarenta años en la práctica, veintidós de ellos en Puerto Rico, con un haber de 17,000 autopsias. ¿Cuántas autopsias misteriosas habría realizado?

Hubo otro caso dramático. A un grupo de personas, entre las cuales había un conocido abogado, se les imputó un asesinato en primer grado. Se alegó que los acusados asesinaron a una persona en un apartamento y luego arrojaron el cadáver desde el balcón de uno de los pisos superiores del Condominio[23].

No se había establecido el móvil del alegado asesinato, pero sí se sabía que la víctima trabajaba para uno de los miembros del grupo. El fiscal en este caso estaba contando con la participación del doctor Rafael Criado para sostener los cargos contra los tres acusados, pero a última hora pidió la exclusión del patólogo porque había modificado sorpresivamente el testimonio original. *A priori*, el patólogo había afirmado categóricamente que la persona asesinada había muerto por estrangulación antes de que su cuerpo hubiese sido arrojado por el balcón, lo que era indica-

---

[23] *El Nuevo Día*, 26 de marzo de 1981.

tivo de un caso de asesinato. Sin embargo, luego modificó el testimonio para decir que la persona estaba viva antes de caer al pavimento, lo cual insinuaba que se trataba de un suicidio. Según su parecer, era posible que la muerte de aquella persona fuese compatible con la estrangulación, pero afirmó que lo que había declarado anteriormente era preliminar y no categórico, y que podía demostrar que la persona en cuestión estaba viva antes de caer. Los nuevos elementos de juicio fueron toxicológicos del cerebro y de alcohol en la sangre.

En una entrevista radial, el conocido médico forense admitió que en todas las autopsias que practicó en casos sensacionales había guardado fotografías, historiales de los casos, evidencias físicas y evidencias anatómicas. Sin embargo, poco después de la muerte de Jacqueline Kane declaró que la ropa que la señora Kane tenía el día de su muerte, no estaba a mi disposición! Al preguntarle el moderador si había tenido alguna experiencia desagradable, prefirió no comentar.

En cuanto a la pregunta de cómo se enfrentaba a los familiares de una persona fallecida, Criado señaló que los familiares sentían un gran alivio de la pena al saber que él les daba respuestas altamente favorables. Con respecto a la autopsia en sí, dijo que los familiares se sentían tranquilos al saber que la persona fallecida no había sufrido, y que dependiendo del resultado de la autopsia se podía decir exactamente de qué había fallecido. Sin embargo, en el protocolo de la autopsia de Jacqueline Kane, apareció que él no sabía de qué ella había fallecido. En otros casos, él alegó que un sinnúmero de familiares acudían a él para que les firmara los certificados de los seguros, pues su peritaje podía ayudarlos mucho.

Es claro que debe haber una estrecha cooperación entre el patólogo y el policía investigador. El investigador debe determinar si una persona murió de causas naturales o si hubo mano criminal. Para un investigador de mucha experiencia esto no debe ser difícil de determinar. Debe usar la prueba pericial del patólogo (cómo apareció el cadáver y la autopsia de rigor), pero no debe depender exclusivamente de ella si a todas luces es contraria a la prueba de otra índole que ha obtenido.

¿Cómo se explica que un investigador de experiencia determinara que en el sitio de los hechos ocurrió un asesinato, mientras el patólogo concluyó que se trató de una muerte natural?

Podría inferirse que el Gobierno de Puerto Rico conocía la conspiración del Instituto de Medicina Legal y la Policía de Puerto Rico. Entonces, ¿por qué fueron las autoridades federales quienes tuvieron que acudir al Instituto de Medicina Legal y al Cuartel General de la Policía a incautarse de los expedientes relacionados con los casos criminales que no se habían resuelto?

XXII

HALLAZGOS Y SORPRESAS

La honradez es el mejor comportamiento.

No fue hasta el año 1982 que el pueblo se enteró de lo que verdaderamente estaba ocurriendo en Puerto Rico. Ya se había denunciado la supuesta conspiración policíaca para asesinar a dos jóvenes independentistas en Cerro Maravilla. Sin embargo, en ese momento fue el llamado "Caso Jessica" la base para la pesquisa de la corrupción en la Policía y el motor para que el Negociado de Investigaciones Criminales y el Gran Jurado Federal incluyeran en su búsqueda otros treinta casos relacionados con la corrupción y el crimen organizado.

Grisselle González Ortiz, alias "Jessica", una confidente de la Policía de Puerto Rico que en marzo de 1979 había presenciado el asesinato de "El Bolo" por parte de José Luis Lebrón González, alias "Tito Camaro", fue asesinada mientras estaba en estado de embarazo. Cuatro personas fueron acusadas por este asesinato: el conocido abogado Raymond Cátala Fonfrías; Ernesto Gil Arzola Martínez, el mismo agente de la Policía de Puerto Rico que había investigado el asesinato de Jacqueline Kane en 1977; José Luis Lebrón González, alias "Tito Camaro", y Eduardo Rodríguez Parrilla.

La pesquisa comenzó con el caso Jessica

Por JOSE A. CASTRODAD
De El Nuevo Día

EL CASO Jessica, base para la pesquisa de la corrupción en la Policía, fue el motor para que el Negociado Federal de Investigaciones y el Gran Jurado Federal incluyeran en su pesquisa otros 30 casos relacionados con la corrupción y el crimen organizado, trascendió ayer.

Este hecho fue corroborado ayer por el director del Negociado de Investigaciones Especiales del Departamento (NIE), José C. Romo Matienzo, al preguntársele sobre los documentos solicitados por el FBI a requerimientos del Gran Jurado Federal.

Romo dijo que el caso Jessica, durante la pesquisa, se ramificó en tantos casos que produjo un inventario de más de 10,000 documentos, los cuales ocupó el FBI recientemente.

De acuerdo con el Director del NIE, la solicitud del Gran Jurado era tan amplia que conllevó el envío de prácticamente todos los documentos que tenía el NIE de esta investigación.

Señaló que el NIE sólo se ha quedado con unos documentos no relacionados con el caso Jessica.

Romo sostuvo que entre lo que le envió al Gran Jurado Federal hay material como para trabajar por lo menos un año adicional.

Y al preguntársele, cuándo se esperaba que bajaran las primeras acusaciones de la investigación indicó que los federales están hablando del "otoño", es decir aproximadamente para el mes de septiembre.

De ser así, el plan esbozado originalmente se atrasaría por cuatro meses adicionales, ya que otras fuentes han adelantado que las primeras acusaciones podrían bajar del Gran Jurado para fines del presente mes de mayo o principio de junio.

Al hacerse público en un primer momento la existencia de la investigación federal y local sobre la corrupción policíaca y el crimen organizado en diciembre pasado, se dijo de que las primeras acusaciones bajarían a finales del mes de enero de este año. Sin embargo, la cantidad de expediente policíacos que fueron incautados para evaluación provocó una dilación del plan original, se dijo en aquella ocasión.

Jessica, base para la presente investigación, fue una confidente de la Policía de Puerto Rico. La joven fue asesinada por elementos desconocidos aún, pero alegadamente relacionados con la Policía, el día antes de que habría de servir de testigo en un caso de asesinato de una figura conectada con el bajo mundo.

Desde diciembre pasado se adelantó que por lo menos 25 oficiales de la Policía podrían salir acusados de la investigación conjunta del Gobierno Federal y local.

El Nuevo Día, martes 17 de mayo de 1983, p. 6.

Se supo que el abogado Cátala contrató por $15,000.00 los servicios de Ernesto Gil Arzola y del comandante Emeterio Ortiz, también investigador del caso de Jacqueline Kane. El día del asesinato, los dos policías montaron a Jessica en un carro oficial con el pretexto de llevarla a visitar a un familiar en Arecibo, y la pasearon por varios bares antes de asesinarla. Emeterio Ortiz era el conductor, mientras que Arzola estaba justamente detrás de Jessica con el revólver que usó para asesinarla. Lebrón, Cátala y Arzola fueron encarcelados de por vida; Rodríguez, por cincuenta años.

Otro caso que bien vale reseñar, por su tangencia con el asesinato de Jacqueline Kane, fue el secuestro de Mario Consuegra. El primero de septiembre de 1982 el hijo del conocido joyero de San Juan, el cubano Francisco Consuegra, fue secuestrado después que le siguieron los pasos por espacio de tres meses. A cambio de la liberación, los secuestradores exigieron una gran suma en cadenas de oro y dinero en efectivo.

Al día siguiente, Francisco Consuegra dio cuenta del secuestro al FBI. Los agentes federales montaron vigilancia en la joyería y grabaron todas sus conversaciones telefónicas. Alguien llamó a la casa del joyero para darle instrucciones específicas: debía dirigirse al Expreso Las Américas y desde un puente tirar las fundas del rescate. Los agentes del FBI que rastreaban el lugar desde un avión de reconocimiento divisaron un automóvil sospechoso, un Malibú color marrón. Tan pronto Consuegra dejó el dinero del rescate, iniciaron el rastreo aéreo que se extendió a lo largo de la Autopista Las Américas entre Caguas y San Juan. El Malibú fue perseguido desde el aire hasta un punto cercano a la Urbanización Villa del Rey, donde residían Alejo Maldonado y César Caballero.

Otros agentes del FBI y del NIE de Puerto Rico siguieron el vehículo sospechoso y, para gran sorpresa del pueblo, posteriormente arrestaron a un teniente coronel de la Policía de Puerto Rico: Alejo Maldonado.

Alejo Maldonado.
Foto: Juan Rivas. Propiedad del Sistema de Bibliotecas Recinto de Río Piedras de la UPR. Todos los derechos reservados.

¿Tenían conocimiento de esta conspiración las autoridades federales y las autoridades locales? Creo que sí. Es imposible creer que el Gobierno de Puerto Rico no estuviera investigando este modus operandi que al parecer funcionaba desde los mismos cuarteles de la Policía. En el juicio que posteriormente (en 1983) se siguió contra los cinco conspiradores (Alejo Maldonado, César

Caballero Rivera, Roberto Stevenson Louis, Jorge David Casanova Cruz y William Suárez Garay) en la Corte Federal de San Juan, salió a relucir que el FBI ya tenía un expediente de más de mil páginas sobre las actividades criminales de Alejo Maldonado. Al oficial de alto rango se le atribuían asesinatos, atracos a varios joyeros, y la muerte de Abraham Shafizadeh. Maldonado fue hallado culpable de varios delitos graves que demostraron la corrupción que existía en la Policía y su vínculo con el crimen organizado.

En el juicio, Francisco Consuegra tuvo la desfachatez de testificar que nunca conoció a la vendedora de prendas Jacqueline Kane. A mí me consta que ella era cliente de Consuegra y que hicieron muchísimos negocios entre ellos. Cómo no se iban a conocer si ambos eran joyeros que estaban localizados en el número 308 de la Calle San Francisco del Viejo San Juan: la Joyería Consuegra en el primer nivel y ella en el cuarto piso. Yo doy fe de que conocí personalmente a Francisco Consuegra en la joyería de su propiedad.

Es interesante destacar que en ese juicio la defensa de los secuestradores trató de establecer ciertos vínculos de Francisco Consuegra con casos criminales del más alto nivel, como el del

Acusa la defensa a Consuegra

Por JOSE RAFAEL REGUERO
De El Nuevo Día

FRANCISCO Consuegra testificó ayer ante el jurado que no conocía a la vendedora de prendas Jackeline Kane, asesinada y objeto de robo en años atrás, y cuya muerte fue investigada junto a la racha de asaltos y asesinatos que afectó a acaudalados joyeros.

La defensa en el caso de secuestro de Mario Consuegra trató nuevamente ayer de establecer alegados vínculos de su padre don Francisco con casos criminales del más alto nivel, incluyendo el robo de $1 millones en oro en las facilidades del Aeropuerto Internacional.

La muerte de la señora Kane ocurrió en 1977 en el tercer piso del edificio 308, donde radica la joyería Consuegra en la calle San Francisco del Viejo San Juan. El citado establecimiento ocupa entonces la segunda planta, y en estos momentos mantiene el local del primer piso, La señora Kane era cliente de don Francisco, se dijo.

El crimen de la vendedora de prendas, señora Kane, ocupó las primeras planas de los periódicos para el año '77 cuando fueron víctimas de atracos, e igualmente asesinados, Abraham Shaffzadeh y Howard Block, y se intentó vincular los tres crímenes. Otro similar ocurrió en Chicago, el de Leo Dershowitz, y dicho crimen fue asimismo investigado como parte de la mencionada pesquisa polic?...

Jackeline Kane fue encontrada muerta detrás de unos zafacones y el Instituto de Medicina Forense estableció que la muerte ocurrió "por causas naturales", pero esto luego fue cambiado al surgir nueva evidencia, mediante la cual se determinó que el caso era uno de asesinato.

Mientras los abogados defensores en el juicio contra Alejo Maldonado, César Caballero, Jorge David Casanova y Wilman Suárez Garay denunciaban los presuntos vínculos de don Francisco Consuegra con delitos graves, relacionado con "la compra-venta de joyas en forma ilegal", la Fiscalía logró que se aceptasen como evidencia las cintas grabadas sobre las conversaciones telefónicas entre los secuestradores y el joyero sanjuanero extorsionado.

TAMBIEN sentaron a declarar, en la sala presidida por el juez federal Gilberto Gierbolini, al piloto y agente especial del FBI Luis Monserrate. El agente Monserrate, ex piloto de combate y experto en vigilancia aérea, hizo un minucioso relato con presentación de fotografías, para ilustrar la ruta que supuestamente siguió el vehículo utilizado para recoger el dinero de rescate por el secuestro.

"En mi vida había visto yo antes a Alejo Maldonado", contestó desde la silla de los testigos Consuegra cuando el fiscal James Walker le preguntó sobre el particular, Consuegra se reafirmó en lo

El licenciado Harry Anduze interrogó ayer al padre del joven secuestrado sobre unos delitos en que supuestamente Consuegra participó.

que había dicho antes en el Tribunal Superior Estatal, conforme surgió en el proceso en la tarde de ayer.

Consuegra aseguró ayer, por otro lado, que no podía reconocer ninguna de las voces que fueron grabadas en las cintas sobre el secuestro. Aceptó sin embargo que la propia y la de su hijo, había podido identificar la voz de ninguno de los acusados como que correspondería con las voces que el escuchó mientras se establecieron las conversaciones telefónicas en los días que duró el secuestro de su hijo Mario.

"Cuando usted dijo en la conversación con los secuestradores que su hijo estaba ajeno a todo lo que estaba pasando, ¿no es cierto que usted hablaba de la compra de oro y joyas robadas y que usted está en ese negocio?, acusó el abogado de Maldonado, Harry Anduze, apuntando con su índice al joyero

Consuegra. "No, no es eso, no es cierto", aseguró el padre del joven que fue secuestrado.

En la transcripción de la cinta grabada entregada al FBI en el juicio se indica que Consuegra contestó a un secuestrador: "Yo no he querido ni que eso lo sepa... porque yo lo que quiero es ver a mi hijo. Yo no quiero ni mercancía, como si tuviera que quemar esa joyería ya, la quemaría..."

Una de las conversaciones telefónicas grabadas por el FBI, que fueron escuchadas ayer en el tribunal en horas de la mañana, mencionaba que Consuegra debía ir buscando el carro de su hijo Mario (Pupito, como le dice al progenitor), al Centro Médico de Río Piedras.

En otra la dice un presunto secuestrador a Consuegra, padre, según la grabación: "Oiga, su hijo padece del estómago y no quiere comer. Usted está relajando con la salud de él, porque nosotros no queremos hacerle daño, pero usted le está dando mucha cuerda a este asunto del pago del rescate"...

El desconocido le dijo a Consuegra que su hijo Mario mismo ajeno "a lo" los que está pasando" lo que fue aceptado por el joyero en su conversación telefónica y contestó "... sí... Al preguntársele ayer sobre el particular, en el contrainterrogatorio, contestó que lo había hecho porque estaba muy nervioso con lo del secuestro.

Cuando Consuegra terminó su turno y le tocó testificar al piloto del FBI, Monserrate el hombre repitió detalles sobre la persecución de un auto Chevrolet Malibu, desde el aire, tal y como ya había sido establecido en la vista de supresión de evidencia planteada por la defensa en torno a Maldonado.

El automóvil fue divisado desde el avión, sostuvo Monserrate, cuando se detuvo momentáneamente en el área donde fue dejado el dinero de rescate por don Francisco Consuegra. Desde aquí se inició el rastreo aéreo que se extendió a lo largo de la Autopista las Américas entre Caguas y San Juan, en parte de la Carretera Vieja Número 1 y sobre una caseta telefónica, desde la cual los secuestradores llamaron a la residencia de la familia Consuegra.

El piloto Monserrate se retiró con un punto en el rastreo aéreo del carro Malibu color marrón cuando la aeronave quedó corta de combustible. El automóvil, sostuvo el agente especial, fue rastreado hasta las inmediaciones de la avenida Degetau, en Caguas. Pasado el secuestro y recogido el rescate dicho vehículo apareció quemado en un monte, a unas 5 ó 10 millas de Cayey, se estableció, y fue presentado en calidad de evidencia parte del carro encontrado.

El vehículo fue perseguido desde el aire por el agente Monserrate, hasta un punto cercano a la urbanización Villa del Rey, donde residen Alejo Maldonado y César Caballero.

robo de dos millones en oro en el Aeropuerto Internacional. Aunque él negó su participación en ese acto delictivo, siempre hubo dudas de la credibilidad de su testimonio.

Por otro lado, uno de los conspiradores, José Antonio Fuentes (alias Payo Fuentes), recibió inmunidad total en el caso a cambio de su testimonio en otros cuarenta casos en los que participó activamente. El notorio delincuente también se comprometió a esclarecer otros dos asesinatos de joyeros, uno de ellos el de Jacqueline Kane.

XXIII

EN COMPÁS DE ESPERA

Exígete mucho a ti mismo y espera poco de los demás. Así te ahorrarás disgustos.

Los veintidós capítulos anteriores conformaron, en esencia, el libro que publiqué en 1984 con el título *Calle San Francisco 308*. En los meses subsiguientes, recibí cartas de algunos lectores. Una de ellas fue del Representante Severo E. Colberg Ramírez, quien, entre otras cosas, expresó lo siguiente:

"Creo que las páginas de tu libro no se limitan a buscar tu identidad, tiene otros valores: una teoría filosófica y sociológica sobre la adopción, las graves deficiencias y la corrupción de un sector de la Policía, la eficiencia de la policía belga adobada con cultura y respeto a la dignidad humana; lo injusto de la guerra; las personas que uno encuentra de nobleza insospechada, en otros países, cuando uno se propone cumplir un empeño que es más bien un reclamo de la conciencia propia".

Ya habían pasado seis años de la muerte de mi madre adoptiva. Aquel terrible golpe, seguido de otro igualmente terrible, el descubrimiento de la adopción, me habían llevado a descubrir mi verdadera identidad.

Supe entonces que según la psicología moderna, hay dos puntos de vista acerca de la adopción. Hay quienes piensan que el hecho se debe ocultar porque de otra manera los adoptantes se expondrían a la pérdida del amor del adoptado o a la irreverencia frente a la autoridad paternal. En mi caso, estoy seguro de que si se me hubiera dicho la verdad no hubiera tenido problemas con mis padres y mi hermana de crianza. Al contrario, esos lazos se hubiesen fortalecido grandemente.

Ahora, con más sosiego, podía razonar el asunto. Cuando a principios de 1979 mis hermanas belgas vinieron a visitarme a Puerto Rico, traté por todos los medios que Eliane, mi hermana de crianza, se reuniera con ellas. Fracasé. Puedo asegurar que en el fondo se trató de un gran dilema: quién ganaba y quién perdía. Yo había encontrado a otras dos hermanas, mientras que Eliane creía haber perdido a su único hermano.

También supe que la adopción es tan problemática para el adoptado, como para quienes han adoptado. Muchas personas, al saber que han sido adoptadas, sufren un terrible impacto psicológico, una gran depresión que los lleva a perder la noción del tiempo y del espacio. Algunos de los niños judíos que fueron trasladados a Israel para que fueran adoptados, ya adultos se suicidaron al saber que sus padres habían fallecido en el Holocausto.

En mi caso, sufrí una depresión reactiva y tuve dificultades para manejar la situación. Pocos días después de haber encontrado el sobre que contenía el acta de la adopción, empecé a tener ataques de ansiedad y depresión. Mi esposa entonces trabajaba en un hospital muy reconocido y se comunicó con un siquiatra. Ella le había hablado sobre mi situación emocional.

Yo había leído en alguna literatura médica que existía una técnica, llamada terapia de regresión, que hacía posible volver a un tiempo anterior al nacimiento, a los recuerdos de supuestas vidas anteriores o a la vida actual desde el proceso de gestación. En este contexto, regresar implicaba volver a experimentar y revivir los acontecimientos ya vividos como si estuvieran sucediendo.

La conexión que se producía en el plano mental y emocional era muy intensa, permitiendo la resolución de los bloqueos y llegando a una más profunda comprensión de quiénes somos y cuál ha sido el camino evolutivo que nos ha conducido hasta el presente.

Supe también que la terapia de regresión no era un pasatiempo para curiosear el pasado, ni una distracción para momentos ociosos. Cuando fui a ver al siquiatra, en una oficina lúgubre, le expliqué con lujo de detalles lo que sentía y lo que quería saber, es decir, qué había pasado desde la fecha de mi nacimiento el 26 de mayo de 1942 hasta mayo de 1945, cuando finalizó la Segunda Guerra Mundial. El siquiatra no quiso que me sometiera a la regresión. Su teoría era que si había tenido una infancia feliz no tenía sentido despertar el inconsciente, que podía actuar como un volcán. Sobre todo si ya tenía documentos suficientes que informaban lo que había pasado.

A medida que fue pasando el tiempo, encontré otros lazos emocionales que me unían a mis hermanas biológicas. Aquella búsqueda había sido una tremenda experiencia, no sólo desde el punto de vista del aprendizaje, sino también porque pude apreciar que aún existía un gran número de

personas con extraordinarias cualidades humanas.
También comprobé que había dos atributos nece-
sarios: determinación y coraje. Y que sin esos dos
ingredientes no existía la más remota posibilidad
de éxito.

Una carta del FBI fechada el 9 de agosto de
1985 y firmada por el agente especial Richard W.
Held quiso obrar en contra de mi determinación.
La comunicación de dos pliegos, en resumen
informaba que el FBI se encargaba de investigar
violaciones de las leyes de los Estados Unidos,
obtener prueba en casos en los cuales los Estados
Unidos eran o podían ser partes con interés y
cumplir otras responsabilidades impuestas por
ley. Ninguna información relacionada con la
muerte de Jacqueline Kane que hubiera revisado
la oficina indicaba que hubiera ocurrido una violación federal. Por lo tanto, la investigación sobre el
asesinato de Jacqueline Kane se había dejado en
manos de las autoridades locales solamente.

Es curioso, porque el 30 de junio de 1986 el
San Juan Star publicó un artículo del periodista
Iván Román (página 2) que citaba al fiscal federal
Daniel López Romo diciendo que el caso de
Jacqueline Kane no constituía una violación del
RICO Act. Sin embargo, el Secretario de Justicia
de Puerto Rico, el licenciado Héctor Rivera Cruz,

en ese mismo artículo le señalaba al periodista que él no veía diferencias entre la muertes de Shafizadeh, Dershowitz y Block y Jacqueline Kane. Por otra parte, en mayo de 1983 Manny Suárez, periodista del *San Juan Star* y corresponsal del periódico *The New York Times*, señala que en una conferencia de prensa que se celebró con el fiscal Daniel López Romo éste le indicó enfáticamente a la prensa que el caso de Jacqueline Kane no constituía un caso federal.

Manny Suárez, periodista de
The San Juan Star
*Biblioteca Recinto de
Río Piedras de la UPR.*

Entonces ya yo había dejado el Departamento de Instrucción Pública. Entre las razones para hacerlo, además del pobre salario, estuvo el vandalismo del que era objeto la escuela. Varias veces los salones quedaron destruidos. Así que decidí vivir con el trabajo de aduanero que había tenido a tiempo parcial.

Un día, a finales del 1986, mientras estaba en el aeropuerto, un inspector de inmigración se me acercó para decirme que necesitaban urgentemente inspectores que hablaran francés. Me informó que American Airlines estaba abriendo nuevas rutas a Martinica, Guadalupe, San Martín, San Bartolomé, Bonaire y Haití y que, además, había información de que unos barcos franceses harían escala en el Club Med que ya se anunciaba. Me interesó el asunto. Así fue que el viernes 26 de diciembre de 1986 cambié mi placa de aduanero por una de agente de inmigración. Mi primer día en el Servicio de Inmigración sería el miércoles 31 de diciembre, en el turno de las tres de la tarde hasta la medianoche. Recuerdo vívidamente que cuando Blanca me llevaba al trabajo e íbamos a atravesar el túnel de Minillas, vi una espesa columna de humo negro en el Condado. No sabía en aquel momento que el hotel Dupont Plaza estaba en llamas. Vine a saberlo después, cuando ella regresó a nuestro apartamento en Hato Rey y se enteró del siniestro. Aquella tragedia lamentable coincidió con la visita de Janet Eckhaus, la hija de mi tío Isidor. Por supuesto, para todos nosotros no hubo más fiestas navideñas. Aquellos cuerpos calcinados nos recordaron los hornos de Auschwitz.

En 1988 me enviaron a la academia del "Federal Law Enforcement Center Training Center", en Glynco, Georgia, para completar mi entrenamiento de inspector. Realmente, el curso que más llamó mi atención fue el de documentos falsos. Son muchos los documentos de ese tipo que circulan diariamente y es difícil detectar a prima facie la falta de autenticidad. Es exactamente la misma historia del diamante, hasta los expertos se equivocan y lo confunden con el barato circonio (*fake diamond*). Después de mi regreso de la Academia, a finales del 1988, empecé la traducción al inglés del libro *Calle San Francisco 308.*

El 23 de julio de 1990 el fiscal Pedro Goyco Amador me contestó una carta que yo le había escrito al Secretario de Justicia Héctor Rivera Cruz. Me informaba que el fiscal Federico Quiñones Artau, asignado a la investigación de la muerte de Jacqueline Kane estaba en espera de cierta información solicitada a mi hermana Eliane. Según él: "Como parte de la investigación es necesaria e indispensable la información solicitada a su hermana con el propósito de poder determinar la forma, manera y causa de muerte de la señora Jacqueline Kane". ¡Tal parece que trece años después de la muerte no se habían enterado de los testimonios de José Antonio Fuentes (Payo Fuentes) y del procesamiento de Alejo Maldonado y sus secuaces!

El FBI había dicho en sus informes que la señora Jacqueline Kane había sido asesinada en el Viejo San Juan. El doctor Rafael Criado, en su informe complementario de 1981, escribió: "tres lesiones superficiales de color rojo estaban presentes en la región laringea del cuello". Y concluyó: "Las circunstancias en que acaeció la muerte de la señora Jaqueline Kane según deducimos de la lectura de los informes investigativos de la Policía y del examen de las fotografías, unido a que todas las pertenencias de la occisa desaparecieron y el cadáver fue cuidadosamente ocultado, nos obliga a considerar que en este caso hubo una o unas manos criminales". Ese había sido el informe que le habíamos hecho llegar al fiscal Ahmed Arroyo en Fiscalía. Estaba claro, como que dos más dos son cuatro, que habían engavetado el caso.

La versión en inglés del libro llegó a imprimirse en 1990 con el título *Murder at the House of Diamonds*. Sin embargo, no llegó a circular porque percibí que la traducción no había logrado recoger la esencia del libro original. Preferí esperar por nuevos acontecimientos.

XXIV

JURO DECIR LA VERDAD

Si alguno pecare por haber sido llamado a testificar, y fuere testigo que vio, o supo, y no lo denunciare, él llevará su pecado.

En 1992 Drew S. Days III, ex director de la División de Derechos Civiles del Departamento de Justicia de los Estados Unidos, admitió en una vista del Senado de Puerto Rico que el FBI actuó negligentemente en la investigación de los incidentes del Cerro Maravilla realizada entre 1978 y 1980, al rehusar tomarle declaraciones juradas a testigos claves, como el chofer del carro público, al negarse a ofrecer inmunidad a ciertos testigos y al no recurrir a ciertas destrezas o tareas investigativas estandarizadas. Days III concluyó: "Creo que una disculpa está justificada por la manera en que el gobierno federal (el FBI, el Departamento de Justicia federal y mi división) manejó la situación. Esa investigación no se hizo de la manera profesional como debió hacerse". Ya en 1990 el

Director del FBI William S. Sessions había admitido por escrito el mismo error, al expresar que debió haberse entrevistado a los testigos e iniciarse una investigación sobre posibles violaciones de derechos civiles[24].

En las vistas ejecutivas (no públicas) celebradas por la Comisión de lo Jurídico del Senado de Puerto Rico en 1992 mientras se investigaba el encubrimiento de los hechos del Cerro Maravilla, el licenciado Edgardo Pérez Viera, asistido por el licenciado Sabino Cotto Cruz y el propio presidente de la Comisión Marco A. Rigau, entrevistó bajo juramento al embalsamador y funerario Juan "Payo" Fuentes Santiago. Después de testificar extensamente sobre las actividades delictivas que le constaban de propio conocimiento (su testimonio abarcó casi 235 páginas del Diario de Sesiones), el 31 de enero de 1992 dijo lo siguiente:

LCDO. PÉREZ VIERA: ¿Qué otra muerte usted conoce en relación con este tipo de muerte por razones ideológicas o contrato?

SR. FUENTES SANTIAGO: Tendría que evaluar en mi mente porque es que yo entiendo que todas las muertes de las que yo tengo cono-

---

24 Jim McGee, Ex-Justice Official Cites Coverup By FBI in *78 Puerto Rico Shootings, The Washington Post*, 9 de mayo de 1992.

cimiento, de una manera u otra se les querían vincular a estas personas.

LCDO. PÉREZ VIERA: ¿A qué personas?

SR. FUENTES SANTIAGO: A los que hice referencia, o sea, a Independentistas, Nacionalistas, no sé a estos grupos que el señor Maldonado, pues daba las instrucciones como eran sus objetivos.

LCDO. PÉREZ VIERA: ¿Qué otra muerte recuerda usted que le venga a la mente relacionada con este grupo de Alejo Maldonado?

SR. FUENTES SANTIAGO: Muerte per se, o sea, ¿cualquier tipo de muerte?

LCDO. PÉREZ VIERA: No, muertes relacionadas con Independentistas.

SR. FUENTES SANTIAGO: Caramba, en este momento tendría, no podría precisarle.

LCDO. PÉREZ VIERA: Mire a ver.

SR. FUENTES SANTIAGO: No tengo recuerdo, es que tengo mucha confusión con otras muertes.

LCDO. PÉREZ VIERA: Pues diga las otras muertes.

SR. FUENTES SANTIAGO: Bueno, la muerte de Abraham… Sadé

LCDO. PÉREZ VIERA: ¡UMJÚ!

SR. FUENTES SANTIAGO: La de Catherine Kaine.

SR. PRESIDENTE (SR. RIGAU): La de Catherine Kaine, qué sabe de esta muerte?

SR. FUENTES SANTIAGO: Bueno esa muerte el FBI fue, me preguntó mucho sobre eso porque había una confusión de los elementos, las personas que habían participado en esa muerte. Y la información que yo le suministro, que yo estuve en vigilancia sobre esta persona y en un momento determinado fue muerta, pero yo no supe realmente nada más.

SR. PRESIDENTE (SR. RIGAU): ¿Usted le dio vigilancia?

SR. FUENTES SANTIAGO: Eso es así.

SR. PRESIDENTE (SR. RIGAU): ¿Quién le ordenó a darle vigilancia?

SR. FUENTES SANTIAGO: El señor Maldonado a través de unos contratos de unos joyeros en el área de San Juan.

SR. PRESIDENTE (SR. RIGAU): ¿Sabe el nombre de los joyeros?

SR. FUENTES SANTIAGO: Eso es así.

SR. PRESIDENTE (SR. RIGAU): ¿Quiénes son?

SR. FUENTES SANTIAGO: El Señor Luis Gómez.

SR PRESIDENTE (SR. RIGAU) ¿Quién más?

SR. FUENTES SANTIAGO: ... el señor Héctor Acevedo y otros que, pero eran varios. Pero principalmente el señor Luis Gómez, creo que era Ferreira o algo así.

LCDO. PÉREZ VIERA: ¿y qué era lo que hacía esta persona?

SR. FUENTES SANTIAGO: ¿con referencia a Catherine Kaine?

LCDO. PÉREZ VIERA: Sí.

SR. FUENTES SANTIAGO: Se me indicó que era corredora, o sea una agente de, que manejaba valores, prendas, piedras...

LCDO. PÉREZ VIERA: ¿joyas?

SR. FUENTES SANTIAGO: Eso es así.

LCDO. COTTO CRUZ:... la señora...

SR. FUENTES SANTIAGO: Una típica norteamericana, andaba con un carrito de esos como de compra.

LCDO. COTTO CRUZ: ¿Una típica norteamericana? Usted ha señalado que ella era una típica norteamericana. ¿Y que usted entiende por una típica norteamericana?

SR. FUENTES SANTIAGO: Bueno, una señora no muy bien vestida andando más bien en tenis, andando con un carro, un carrito que lo halaba, que llevaba muestrarios.

LCDO. COTTO CRUZ ¡Umjú!

SR. FUENTES SANTIAGO: No tenía vehículo; abordaba taxis.

LCDO. COTTO CRUZ: su edad.

SR. FUENTES SANTIAGO: Yo diría entre 35 o más. No podría precisarle, pero tenía algo de edad.

LCDO. COTTO CRUZ: ¿Y el color del cabello?

SR. FUENTES SANTIAGO: Rubio, blanca, de algunas ciento treinta libras o menos, algunos cinco pies, siete u ocho pulgadas.

LCDO. COTTO CRUZ: ¿Y donde apareció esa señora muerta, el cadáver de esa señora?

SR. FUENTES SANTIAGO: Desconozco. Esa era la cosa, había aparecido en un área, creo que de San Juan, pero yo al día de hoy desconozco donde fue.

LCDO. COTTO CRUZ: Pero en el área de San Juan ¿en el Viejo San Juan o en Santurce?

SR. FUENTES SANTIAGO: Bueno, se me indicó que en el área del Viejo San Juan, pero desconozco. O sea yo propiamente desconozco.

LCDO. COTTO CRUZ: Gracias.

Este testimonio, reproducido tal y como fue transcrito y publicado, vino a confirmar unos hechos que ya les constaban al FBI, pues en manos de esa agencia ya existía un documento denominado Formulario tipo 302, con fecha de 3 de abril de 1986, preparado en San Juan, Puerto Rico, por el agente especial de la agencia Jeffrey S. Hill, a partir de una entrevista que él le hiciera al convicto joyero cubano Luis Gómez Ferreiro. En la pandilla de Alejo Maldonado, Gómez Ferreiro era el responsable de informar sobre la llegada de joyeros procedentes de los Estados Unidos, potenciales víctimas de robos y asesinatos, y encargado de disponer de las joyas robadas.

¿Acaso no estaba clara la jurisdicción federal en este asunto (las víctimas eran ciudadanos de otros estados, se usaba el correo federal para enviar las joyas a Puerto Rico, hubo *carjackings*, secuestros, tortura, espionaje político, violación de derechos civiles, etc.? ¿Había una genuina intención de esclarecer los asesinatos o pesaba el hecho de que algunos de los delincuentes hubiesen recibido adiestramiento en academias policíacas de los Estados Unidos? ¿O que estos escuadrones de la muerte o "Niños de sangre azul", como los llamó el periodista José Rafael Reguero, un grupo élite de investigadores de la Policía, también habían sido entrenados por la Marina y el Ejército de los Estados Unidos. ¿No eran éstos los mismos sujetos que habían colaborado en las muertes aún no esclarecidas de Santiago Mari Pesquera, hijo del líder independentista Juan Mari Brás, del líder de los tronquistas César Caballero y del dueño de Viajes Varadero y dirigente de la Brigada Antonio Maceo, Carlos Muñiz Varela? ¿Formaban parte de la conspiración Ángel Torres y activistas de derecha del exilio cubano en Puerto Rico como Julito Labatud?

XXV

A VECES LLEGAN CARTAS

Asegúrate que estás en el buen camino y entonces síguelo.

El 19 de febrero de 1993 le escribí a la nominada Secretaria de Justicia Enid Martínez Moya. No recibí respuesta de ella porque su nombramiento no fue confirmado por el Senado de Puerto Rico. Fue una pena que Roberto Rexach Benítez impidiera que ella pudiera desempeñarse en ese importante puesto. Pienso que por tratarse de una mujer de gran sensibilidad, tal vez hubiese hecho algo positivo para dilucidar tanto el caso de Jacqueline Kane como los de las demás víctimas judías que estaban engavetados en espera de un alma bondadosa y responsable que quisiera hacer justicia.

Siete meses después, el 24 de septiembre de 1993, le envíe una carta al nuevo Secretario de Justicia, el licenciado Pedro Pierluisi. En respuesta, recibí una carta del licenciado Andrés Rodríguez Elías, Director de la División del

Pedro Pierluisi.
Secretario de Justicia.
Foto: The San Juan Star

Andrés Rodríguez Elías
Director de División del
Crimen Organizado.
Foto: The San Juan Star

Crimen Organizado, que decía lo siguiente:

"He sido notificado por el Hon. Pedro R. Pierluisi, Secretario de Justicia, a los fines de contestarle su comunicación de fecha 24 de septiembre de 1993 en cuanto a su solicitud de que se le entreguen todos los documentos relacionados con la investigación de los joyeros asesinados en Puerto Rico, incluyendo el de su señora madre Jackeline (sic) Kane.

Según surge de nues-tro expediente, el 23 de julio de 1990 el Lcdo. Pedro G. Goyco Amador le contestó una carta a usted sobre el estatus de la investigación del asesinato de su señora madre. Al presente, al igual que en la anterior ocasión en que el Fiscal Goyco le contestó su carta, el suscribiente es la persona que tiene la custodia y la responsabilidad del expediente investigativo, no sólo de su señora madre sino de todos los joyeros que de una manera u otra su muerte ha sido relacionada con elementos del crimen organizado. Esas investigaciones fueron originadas por el Negociado de Investigaciones Especiales del Departamento de Justicia. Ese hecho hace de la misma una de carácter confidencial bajo dos razones:

(1) Porque la propia ley que crea el Negociado de Investigaciones Especiales determina que las investigaciones originadas en este organismo son confidenciales.

(2) Porque a su vez esta investigación es parte del sumario fiscal y por esta razón la misma es confidencial y no puede ser divulgada, ya que no se ha radicado ningún caso ante los tribunales de Puerto Rico.

Al presente le comunico que ha sido radicada la investigación relacionada con la muerte del joyero Abraham Shafizadeth y está pendiente de extradición del Sr. Alejo Maldonado Medina y Héctor Acevedo Ramos, autores intelectuales y materiales de este asesinato.

El resto de las investigaciones relacionadas con los joyeros Howard Block, Leo Derckowitz [sic], Abraham Rabinovick [sic], las mismas no han sido sometidas a los tribunales porque no han sido concluidas. Por esta razón bajo las leyes de Puerto Rico no puedo entregarle lo que usted me solicita.

El Gobierno Federal según usted aclara, le hizo entrega de cierta información relacionada con estos asesinatos. Debo entender que la razón por la cual esto se hizo es porque ellos no tienen jurisdicción sobre estos casos.

Espero que la información suministrada anteriormente satisfaga su genuina inquietud sobre estos casos. Una vez estos casos sean sometidos a los Tribunales y se adjudique la responsabilidad de los autores de estos delitos, entonces advienen como documento público algunos de los documentos que usted ahora nos solicita. Al presente, su estatus no es ese."

Hice otras gestiones para conseguir los documentos, pero nada pasó en los próximos seis años. Cansado de la espera, el 3 de septiembre de 1999 decidí enviarle una carta de mi puño y letra al señor Alejo Maldonado, quien se encontraba recluido en el Metropolitan Detention Center en Guaynabo, en espera de un traslado a una cárcel en Butner, Carolina del Norte. Le dije que habían pasado 22 años desde la muerte de Jacqueline Kane y que quería saber si él estaba dispuesto a concederme una entrevista para ponerle punto final a la investigación de aquella tragedia. El 7 de septiembre de 1999 recibí de Alejo Maldonado la siguiente contestación:

Guaynabo, Puerto Rico
7 de septiembre de 1999

Sr. Charles J. Kane
P.O. Box 37066
San Juan, P. R. 00937-0066

Sr. Kane:

Hoy recibí su carta fechada el 3 de septiembre de 1999, que versa en su deseo de reunirse conmigo en relación a la lamentable muerte de su señora madre Ms. Jacqueline Kane. Ya anteriormente yo había recibido información de otras fuentes sobre su deseo de hablar conmigo y que a esos efectos usted había realizado algunas gestiones con las autoridades de este penal. Deseo que sepa que de mi parte no hay ninguna objeción de reunirme con usted, pero creo que sería necesario que me indicara si su visita sería como autor, que creo que lo cualifica como "prensa" o en su condición de ciudadano particular, que sólo requeriría que yo la solicitara y mi consejero o "case manager" la aprobaran. La primera opción tendría la ventaja de que no tendría el marco de tiempo de una hora que se concede a las visitas sociales, y la flexibilidad dependería del horario del salón de visitas.

Si usted entiende o las autoridades de la prisión le conceden la calificación de "prensa", que su visita será bajo ese concepto, entonces usted deberá de solicitar la misma a la prisión y yo le daría el visto bueno que para ello se requiere para que éstos se la concedan. De la otra manera déjemelo saber para entonces yo intentarlo por mi lado y deséeme suerte ya que en ese tipo de visita esta prisión es más estricta que casi todas las demás. Puede utilizar esta carta como mi autorización en acceder a verlo.

Cordialmente,
Alejo Maldonado-Medina

Tan pronto leí la carta, lo primero que hice fue llamar al FBI para saber si existía alguna restricción que impidiera a los inspectores del Servicio de Inmigración entrevistar a un preso en una institución federal. Me dijeron que tenía que comunicarme con el señor Jeff Coughlin, Asistente Ejecutivo a cargo del Federal Bureau of Prison de Guaynabo.

En octubre de ese mismo año le envié un *e-mail* al señor Carlos Muñoz, Director del Servicio de Inmigración en el Aeropuerto Luis Muñoz Marín, para comunicarle mi intención de reunirme con el señor Alejo Maldonado en la cárcel de Guaynabo. Él me contestó que era necesario que me comunicara primero con el FBI. Uno de los problemas que yo venía venir era que me dijeran que los extranjeros detenidos iban directamente al Metropolitan Detention Center y que yo, como inspector de inmigración, podría tener un gran conflicto con mi patrono.

El señor Muñoz decidió consultarle el asunto a la Directora del Servicio de Inmigración del Distrito de Puerto Rico, la señora Myrna Peré. Le especificó que yo haría la entrevista en mi tiempo libre y que como escritor me sería más fácil obtener un permiso. Ella contestó que además de tener autorización de la cárcel, yo no podía identificarme como inspector de inmigración.

El 12 de septiembre de 1999 le solicité formalmente al Negociado de Prisiones del Departamento de Justicia de los Estados Unidos que me permitieran visitar al señor Alejo Maldonado. Seis días después recibí la siguiente respuesta:

U. S. Department of Justice
Federal Bureau of Prisons
Metropolitan Detention Center
Guaynabo
P.O. Box 2146
San Juan, PR 00922-2446

Mr. Charles J. Kane
Box 37066 Airport Station
San Juan, PR 00937-0066

This is in response to your letter dated September 12, 1999, in which you request a visit with Mr. Alejo Maldonado, Register No. 01528-069.

Unfortunately, due to security concerns, your request to personally visit Mr. Maldonado has been denied. Nonetheless, authorization has been granted for a telephone interview.

Should we be of further assistance please do not hesitate to contact us at (787) 749-4480.

Sincerely,
Ed González Warden

Ante la imposibilidad de visitar la prisión, decidí acoger la alternativa de la entrevista telefónica. Casualmente aquello coincidió con la fecha en que Alejo Maldonado sería trasladado al centro de detención en Butner. La conversación duró aproximadamente 35 minutos y, en esencia, el testimonio de Maldonado fue el siguiente: que nunca conoció a Jacqueline Kane ni la había llegado a ver, que sí había oído hablar de ella, que él no tuvo nada que ver con el asesinato ni conocía la identidad de los autores. Sin embargo, en una carta posterior que me envió desde Butner, me invitó a que fuera a verlo a la cárcel para discutir ciertos ángulos del asesinato. Como ya sabemos, para yo hacerlo tenía que obtener un permiso especial del Departamento de Justicia de los Estados Unidos y esas puertas ya estaban cerradas.

A finales de octubre de 1999 recibí unos documentos del FBI que yo había solicitado haciendo uso de los derechos que me concedía el "Freedom for Information Act". El agente especial Kenneth Maccabe me informaba que habían identificado y revisado 39 páginas, de las cuales retenían 20 para proteger a otras personas cuyos nombres aparecían en esas páginas. La carta, que había sido revisada por Aníbal Torres-Rivera (Chief Division Counsel), encapsulaba en un párrafo enigmático y leguleyo todas las posibles razones que existían para encubrir a los asesinos y prolongar la agonía de los dolientes:

Enclosed are copies of documents from FBI records. Excisions have been made to protect information exempt from disclosure pursuant to Title 5, United States Code, Section 552 (Freedom of Information Act) and/or Section 552a (Privacy Act). In addition, where excisions were made, the appropriate exempting subsections have been cited opposite the deletions. Where pages have been withheld in their entirety, a deleted page information sheet has been substituted showing the reasons or basis for the deletion. The subsections cited for withholding information from the enclosed documents are marked below.

Aunque nuevamente me sentía desilusionado, recordé que había decidido no darme por vencido. Después de todo, a mi edad ya sabía que muchas veces llegan cartas con sabor amargo, con sabor a lágrimas...

XXVI

NUEVAS PROMESAS

Un libro no se acaba ni siquiera cuando lo vemos publicado.

El nuevo milenio irrumpió con una noticia que me devolvía alguna esperanza. La recién nombrada Secretaria de Justicia, Anabelle Rodríguez, anunció la creación de un grupo de trabajo para esclarecer algunos casos engavetados como los de los asesinatos de Santiago Mari Pesquera y Carlos Muñiz Varela. Ella confesó que había estudiado los expedientes y se había percatado de ciertas lagunas en el proceso de investigación. Le asignó las pesquisas al fiscal José Virella, pero nada pasó, que sepamos.

En esos años también se suscitaron noticias en mi círculo familiar. Murieron mis tías de Nueva York, Marie y Paula, sin que hubiésemos reanudado la relación rota en 1978. Desde entonces, sólo he mantenido una comunicación esporádica con Danny, un hijo de Marie que vive en Caracas. Creo que fue una pena que no pudiéramos reconciliarnos. Posiblemente ellos no entendieron la tragedia por la que yo estaba pasando, una tragedia que en parte también era la suya. Con mi hermana menor Eliane fue distinto. Si bien es cierto que tuvimos conflictos, al final pudieron más los fuertes lazos que nos dio la crianza en un mismo hogar bajo la tutela de unos padres biológicos o adoptivos (qué importa) que nos inculcaron el amor por el otro y la solidaridad humana.

El periodista Jacques Limage, a quien considero mi hermano y con quien aún mantengo una fluida comunicación desde la distancia, se retiró en el año 2001, después de trabajar en el *Le Soir Illustré* desde 1975. Para mí también llegó el momento del retiro laboral. En julio del 2006 dejé de ser inspector de inmigración. A la verdad que ya aquel ambiente laboral de compañerismo y fraternidad había cambiado dramáticamente desde que el 25 de noviembre del 2002 el presidente Bush firmó el "Homeland Security Act". Desde entonces el Servicio de Inmigración y Naturalización (INS) pasó a formar parte del recién creado Departamento de Seguridad del Territorio Nacional. Atrás quedaron las innumerables horas que pasé con mis amigos inspectores; atrás quedaron los años en la American Federation of Government Employees, unión laboral en la que por más de diez años fui el Chief Steward de la local 2698. Allí represente a decenas de inspectores del distrito de Puerto Rico, que incluía también a Saint-Thomas, Saint-John y Saint-Croix. Lo hice con gran dedicación y en todos esos años siempre velé por el trato digno al extranjero. Sabía muy bien lo que era ser un perseguido, lo había entendido plenamente unas décadas antes.

Yo seguía tratando de obtener más información sobre el «caso de Jacqueline Kane». Ante una nueva petición de documentos, el 13 de enero de 2006 el FBI me hizo otro envío, aunque retuvieron trece páginas. Curiosamente, ese mismo año el Senado belga dio a la luz pública un informe de 1,116 páginas titulado *La Belgique Docile*. El estudio de tres años realizado por un comité de eminentes historiadores, concluyó que las autoridades belgas anticiparon y fueron más allá de las demandas de las fuerzas de ocupación alemana en segregar, reunir y desposeer a los judíos. "Bélgica adoptó una actitud dócil proporcionando colaboración indigna de una democracia en variadas y cruciales áreas para una política desastrosa hacia judíos belgas y extranjeros", dice el informe del Centro para la Investigación y Documentación Histórica sobre la Guerra y la Sociedad Contemporánea.

El primer ministro, Guy Verhofstadt, que pidió perdón a la comunidad judía en el 2002 por el papel de Bélgica en el Holocausto, dijo a través de un portavoz que los hallazgos deberían incorporarse a los libros de texto de historia. Bélgica les había cerrado sus puertas a los judíos que huían de Alemania después de que Hitler subiera al poder en 1933. Con raras excepciones, les había proporcionado "colaboración administrativa máxima". Sin embargo, apuntó que las autoridades desconocían en verano de 1942 que los judíos deportados a Polonia estaban siendo exterminados. El informe revela que unos 16,000 judíos fueron arrestados después de que Alemania invadiera Bélgica en 1940, casi la mitad de los cuales fueron deportados a campos de Francia. Casi todos los 5,835 judíos de Bélgica deportados a Auschwitz murieron en el Holocausto.

En agosto de 2007 un evento trajo nuevamente a palestra pública el «caso de Jacqueline Kane»: la publicación de un artículo en la sección Vidas Únicas del periódico *El Nuevo Día* que llevó por título Charles Joseph Kane: Las sombras de la identidad. El relato de mi tragedia que hizo el autor, el profesor de derecho Luis Rafael Rivera, me motivó a localizar algunos parientes de los joyeros judíos asesinados en Puerto Rico en fechas próximas a la muerte de mi madre. En noviembre del 2007 pude conversar con Hedda Block, quien reaccionó emocionada de que alguien de Puerto Rico estuviera llamándola treinta y tres años después del asesinato de su esposo. Me dijo que su marido era vendedor de joyas, no de diamantes; que vino a San Juan por tres o cuatro días y que el día pautado para el regreso ella fue al aeropuerto de Chicago a recogerlo, pero él no llegó. Entonces llamó al hotel donde estaba hospedado y le dijeron que se había marchado. Llamó a hospitales y a la Policía, pero como no hablaba español tuvo dificultades. Un amigo la ayudó. Después de varios intentos, la Policía le dijo que el señor Block había sufrido un accidente. Sin embargo, después supo que en realidad lo habían asesinado. Ella vino a identificar el cadáver. Después entabló una demanda contra el Estado Libre Asociado de Puerto Rico. Contrató a un abogado de Chicago, quien a su vez contrató a otro abogado en Puerto Rico para que atendiera el trámite judicial. Varios años después, el abogado de Chicago la llamó para que recibiera de uno de los involucrados en el asesinato la suma de $5,000.

Por un joyero cuyo nombre me reservo, supe que unos años antes el hijo de Leo Dershowitz había venido a visitarlo a su negocio en San Juan. Esto me ayudó a localizar en Texas a Mark Dershowitz. Él apenas tenía diecisiete años cuando ocurrió la tragedia de su padre. Le correspondió a su madre venir a Puerto Rico a identificar el cadáver. Lo único que ella recibió del gobierno de Puerto Rico fue un certificado de defunción. No demandaron al gobierno de Puerto Rico por violación de derechos civiles.

También localicé a Farokh Hakimi, hermano de Abraham Shafizadeh. Me confirmó que en aquellos días su hermano había llamado por teléfono a Héctor Acevedo, gerente de la joyería Jewels of the World en el viejo San Juan, y le dijo que alquilaría un carro de Avis Rent a Car para llegar hasta allá. Venía a cobrar una deuda de $80,000 y dejar diamantes por valor de $300,000. Desafortunadamente fue interceptado por una patrulla de la Policía de Puerto Rico en la cual estaba el agente Luis Ramos Grateroles. El resto es historia. Quien planificó el asesinato fue Héctor Acevedo, pero Grateroles lo mató de un tiro con un revolver calibre 38.

En esos días también reactivé mi interés por la investigación oficial del crimen de mi madre

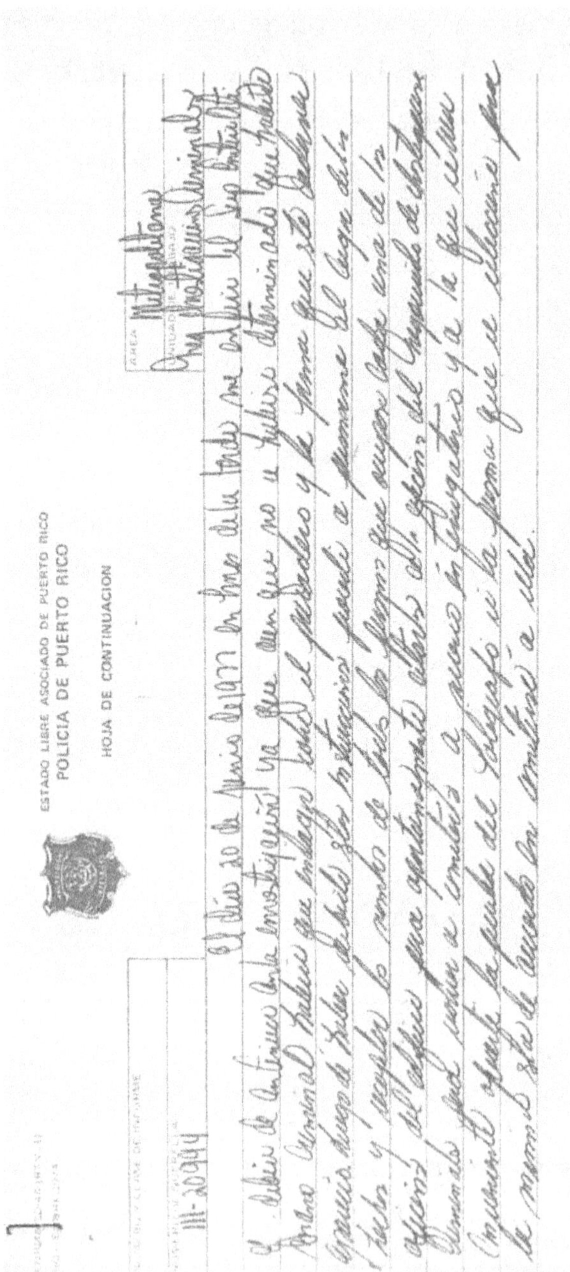

ESTADO LIBRE ASOCIADO DE PUERTO RICO
POLICIA DE PUERTO RICO

HOJA DE CONTINUACION

NUMERO DE QUERELLA: III-20994

AREA: Metropolitana

UNIDAD DE TRABAJO: Neg. Investigaciones Criminales

El día 20 de junio de 1977 en horas de la tarde me informó el Sgt. [illegible]
[illegible] de [illegible] en la investigación ya que aunque no se hubiese determinado que hubiese
mano criminal habría que indagar todo el paradero y la forma que este cadáver
apareció. Luego de haber recibido las instrucciones procedí a [illegible] al lugar de los
hechos y recopilar los nombres de todas las personas que ocupan cada una de las
oficinas del edificio que aproximadamente alrededor de la oficina del Negociado de Investigaciones
Criminales [illegible] a someterse a nuevo interrogatorio y a la que [illegible]
[illegible] aparte la prueba del Polígrafo si la persona que se seleccione para
la misma está de acuerdo en someterse a ella.

PREPARADO POR: [illegible] | NUM. DE SERIE: 13731 | SUPERVISOR: [illegible] | NUM. DE SERIE: 13-3077

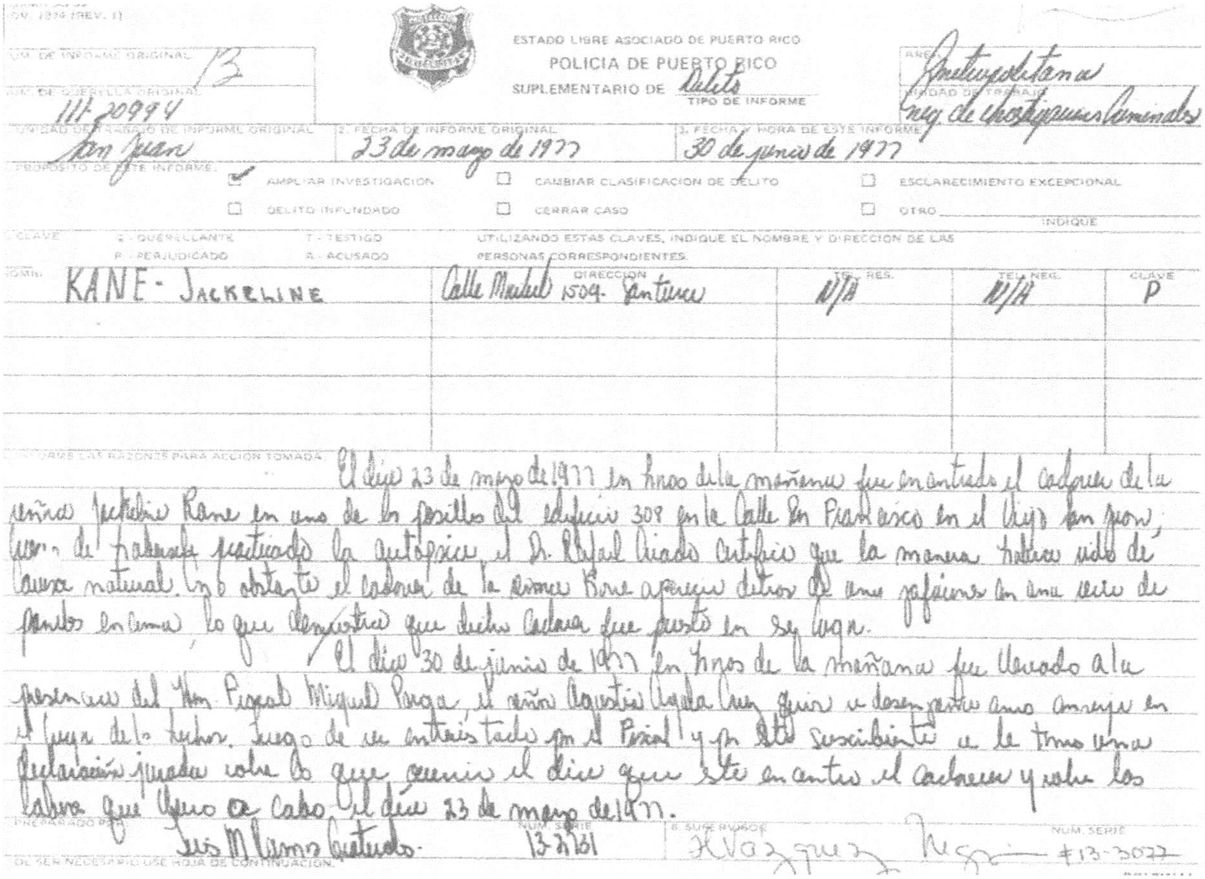

PPR 1374 (REV. 1)

ESTADO LIBRE ASOCIADO DE PUERTO RICO

POLICIA DE PUERTO RICO

SUPLEMENTARIO DE Delito

TIPO DE INFORME

NUM. DE INFORME ORIGINAL: B		AREA: Metropolitana
NUM. DE QUERELLA ORIGINAL: 111-20994		UNIDAD DE TRABAJO: Neg. de Investigaciones Criminales
UNIDAD DE TRABAJO DE INFORME ORIGINAL: San Juan	2. FECHA DE INFORME ORIGINAL: 23 de mayo de 1977	3. FECHA Y HORA DE ESTE INFORME: 30 de junio de 1977

PROPOSITO DE ESTE INFORME:

- [x] AMPLIAR INVESTIGACION
- [ ] CAMBIAR CLASIFICACION DE DELITO
- [ ] ESCLARECIMIENTO EXCEPCIONAL
- [ ] DELITO INFUNDADO
- [ ] CERRAR CASO
- [ ] OTRO ______ INDIQUE

CLAVE: Q - QUERELLANTE, P - PERJUDICADO, T - TESTIGO, A - ACUSADO. UTILIZANDO ESTAS CLAVES, INDIQUE EL NOMBRE Y DIRECCION DE LAS PERSONAS CORRESPONDIENTES.

NOMBRE	DIRECCION	TEL. RES.	TEL. NEG.	CLAVE
KANE - JACKELINE	Calle Marbel 1504 Santurce	N/A	N/A	P

EXPLIQUE LAS RAZONES PARA ACCION TOMADA:

El día 23 de mayo de 1977 en horas de la mañana fue encontrado el cadaver de la niña Jackeline Kane en uno de los pasillos del edificio 308 en la Calle San Francisco en el Viejo San Juan; luego de haberse practicado la autopsia, el Dr. Rafael Criado certificó que la muerte había sido de causa natural. No obstante el cadaver de la menor Kane apareció detrás de unos zafacones con una serie de paños encima, lo que demuestra que dicho cadaver fue puesto en ese lugar.

El día 30 de junio de 1977 en horas de la mañana fue llevado a la presencia del Hon. Fiscal Miguel Parga, el señor Agustín Ayala Cruz quien se desempeña como conserje en el lugar de los hechos. Luego de ser entrevistado por el Fiscal y por este suscribiente se le tomó una declaración jurada sobre lo que ocurrió el día que este encontró el cadaver y sobre las labores que llevó a cabo el día 23 de mayo de 1977.

PREPARADO POR	NUM. SERIE	SUPERVISOR	NUM. SERIE
Luis M. Ramos Quintero	13-2761	H. Vázquez	#13-3027

DE SER NECESARIO USE HOJA DE CONTINUACION.

y le escribí al Secretario de Justicia Roberto J. Sánchez Ramos:

Roberto J. Sánchez Ramos.
Foto: The San Juan Star

November 19, 2007

Secretary of Justice of Puerto Rico
Mr. Roberto J. Sanchez-Ramos
P.O Box 9020192
San Juan, Puerto Rico
00902-0192

Honorable Secretary Ramos:

Nearly a year ago I mail you a certified letter exposing the tragedy of our mother fate. About 27 years ago, our mother who was a diamond dealer was murdered in Calle San Francisco Street 308, Old San Juan. She carried hundreds of thousands of dollar in a money belt, she was found dead behind some garbage cans in the second floor of the same building on March 21, 1977.

Thru all these years, we have been in contact with various persons of your department including about 4 to 5 former Justice Secretary as well as the Attorney General of Puerto Rico Pedro, Goyco Amador to no avail.

On September 1999, I requested from the Federal Authorities a meeting with Mr. Alejo Maldonado unfortunately, due to security concern, my request to personally visit Mr. Maldonado was denied, by the Federal Bureau Of Prisons however, authorization was granted for a telephone interview, that dialogue took place at the Guaynabo Detention Facility for about 35 minutes.

At that time, Mr. Maldonado had the desire to answer the cases of the six gem dealers slain in the last 3 years wave of robbery in Puerto Rico (1975, 1976, and 1977).

Some months ago, I have requested a FOIA summary review from the F.B.I. in Washington, the reason for that is that we want to put a final ending thru all these upsetting years, and also to scrutinize all these documents and to make out of what really happened to "The Jacqueline Kane Case".

Finally, Secretary it is our hope that since there is no statute of limitation on murders in Puerto Rico, we want the Justice Department to have the eagerness to resolve this issue.

We hope to hear soon from you.

Sincerely yours,
Charles J. Kane
Mr. Charles J. Kane
Box 37066 Airport Station
San Juan, P.R. 00937-0066

El 4 de diciembre de 2007 recibí contestación del Secretario de Justicia. Me indicaba que el Fiscal General de Puerto Rico, José Delgado, me podría atender. La reunión ocurrió el 7 de diciembre siguiente y tuvo una duración de unos treinta minutos. Él se mostró muy amable, pero como no tenía a la mano el expediente, yo tuve que darle los pormenores del caso. Una agente del NIE (Negociado de Investigaciones Especiales) tomó notas de la conversación. Él opinó que se trataba de un caso complicado porque databa del 1977. Le dije que yo había analizado los documentos suministrados por el FBI y le entregué las páginas 34, 35 y 36 del Diario de Sesiones de la vista ejecutiva celebrada por la Comisión de lo Jurídico del Senado en 1992, cuyo deponente principal había sido el señor Fuentes Santiago, testigo de la fiscalía federal a cambio de inmunidad. Le recalqué que esta persona tenía un conocimiento abarcador de los casos de los joyeros asesinados en Puerto Rico. El fiscal Delgado admitió que entre el Departamento de Justicia y el FBI no había una buena colaboración.

Casualmente, ese mismo día me encontré con una persona que me dio una información valiosa. Me dijo que cerca de la cárcel federal existía una estructura, llamada el bunker, que consistía de media milla de salas y túneles, donde con gran posibilidad estaban los documentos relacionados con los casos de los joyeros asesinados. Esta persona, quien ha visitado varias veces esa estructura, dice que está muy afectada por la humedad y los roedores. Sabe que allí están los documentos del tenebroso Escuadrón de la Muerte" de la Policía de Puerto Rico (tipo GESTAPO) y que regados por el piso hay miles de documentos importantes de otros casos. En junio de 2003 el Programa de Administración de Documentos Públicos de la Rama Ejecutiva recomendó que se destruyeran, pero la directora del Archivo General, Karín Cardona, logró salvarlos.

Recientemente, en unas vistas del Senado belga salió a relucir públicamente que las autoridades de ese país habían destruido archivos y récords de su participación en el Holocausto, en específico los relacionados con la persecución y deportación de judíos en las décadas de los treinta y los cuarenta. ¡Curiosa coincidencia! Como parte del proceso de sanación que está ocurriendo en mi país natal, el primer ministro Guy Verhofstadt expresó el arrepentimiento público de la nación por la colaboración de las autoridades belgas a la deportación de judíos a campos de exterminio y se aprobó una compensación para los sobrevivientes del Holocausto. El gobierno y el sector bancario accedieron a pagar 110 millones de euros (170 millones de dólares) por las pérdidas sufridas durante el genocidio para compensar a la comunidad cuyas propiedades fueron saqueadas por los nazis durante la Segunda Guerra Mundial.

El 28 de mayo de 2008 le escribí al nuevo jefe del FBI en Puerto Rico y le envié una copia de la carta a la fiscal federal Rosa Emilia Rodríguez.

December 12, 2007

Mr. Luis S. Fraticelli
Special Agent in Charge
Federal Office Building
Suite 526
Hato Rey, Puerto Rico
00918

Dear Mr. Fraticelli:

Around 30 years ago, our mother Jacqueline Kane, who was a diamond dealer was murdered in 308 Calle San Francisco Street, in the Old San Juan, she carried hundreds of thousands of dollars in diamonds in a money belt, and was found dead behind some garbage

Luis S. Fraticelli.
Foto: The San Juan Star

containers in the second floor of the same building on March 21, 1977.

All these loose diamonds arrived thru the United States Postal Service in her Box at the Old San Juan, Station, and her main diamonds supplier was Harry Winston from New York. Later on in 1983 the U.S. Attorney Daniel López Romo, said that the Kane case did not constitute a violation of the RICO Act because it was not listed at that time in the indictment as part of 18 other crimes.

Daniel López Romo.

On September 23, 1999 we requested a FOIA for disclosure for all these documents on the "Jacqueline Kane Case". Theses documents were not released at that time by the FBI because those documents were parts of a pending investigation. Some months ago we have received most of these documents but some excision have been made to protect information exempt from disclosure pursuant to title 5, United States Code, Section 552 Freedom Of information Act and also the Privacy Act. After scrutinizing all these documents as well as others information's thoroughly, now, after 30 years we have a definite reaction of what happen to "The Jacqueline Kane Case".

Here is the analogy Mr. Fraticelli: On November 15, 1984 a federal grand jury indicted Mr. Héctor Acevedo Ramos and several others charging them with having robbed the Taillex Company of over $600.000.00 of diamonds (conspiracy offense) one of the FBI agent who testified before the grand jury told that around 770 diamonds were shipped to the Taillex Co from New York by mail.

As far as we know now, some of these participant had also taking part in the murder of Jacqueline Kane, and this came into light from reliable source from informant information, and also because at that time the FBI had direct information by a participant who knew that Mr. Ramos was involved in the conspiracy to conspire and murder Jacqueline Kane, and that others statements were made by others participant, from tape recording.

From the letter that I received some years ago, the FBI decided to leave this case to the local authorities. It seems to us that if both the Federal and the Commonwealth Justice Department jointly conducted the investigation that led to

*this RICO ACT the "Jacqueline Kane Case"
should have been also included into the Racketeer
Influenced Corruption Organization (RICO)
statute. Finally, today with the substantial information before us we are going to request formally
that the FBI reopen the "Jacqueline Kane Case"
to take another look.*

Sincerely yours,

*Mr. Charles J. Kane
Box 37066 Airport Station
San Juan, Puerto Rico
00937-0066*

El 6 de marzo de 2008 llamé a la oficina del
FBI en San Juan y conversé con su portavoz
Harry Rodríguez. Él me solicitó copias de las
cartas que yo le había enviado a la agencia, pidió
tiempo para analizarlas y prometió que pronto se
comunicarían conmigo. La gestión rindió frutos
porque pocos días después me recibió uno de los
supervisores de la agencia, Juan G. de Jesús. Tras
exponerle los pormenores del caso, le señalé las
lagunas en la investigación realizada por el agente
especial Jeffrey Hill en 1977. De Jesús fue muy
parco. Sólo dijo que consultaría el asunto con un
fiscal para ver si todavía podía presentarse algún
cargo criminal. Además le hablé de los documentos retenidos por el Departamento de Justicia

Memorandum

To : SAC, SAN JUAN (183B-121) (P)   Date 4/19/84

From : SA

Subject : POCO; RICO - BRIBERY -
CORRUPTION - MURDER;
HOBBS ACT - CORRUPTION
OF PUBLIC OFFICIALS;
OO: SJ

Re memo of SA _____ dated 2/2/84.

A review conducted by the writer regarding the murder of Jacqueline Kane revealed the following:

A.

B. Although it is speculated that the victim was robbed of a large sum of diamonds, information has never surfaced in any form (such as rumors) to corroborate how many diamonds, if any, the victim was carrying at the time of her death.

C. Victim's apparent robbery - murder does not follow the patterns established in the murders of other jewelers such as Leo Dershowitz, Howard Block and Abraham Shafizadeh.

1 - 183B-121
1 - 183B-121 SUB 5, SUB G
1 - SA
1 - SA
DHR/elm
(4)

183B-121-3325

de los Estados Unidos. Después de fotocopiar las páginas del testimonio de Santiago Fuentes en las vistas de la comisión senatorial, prometió que el señor Fraticelli se comunicaría conmigo. Espero pacientemente por esa comunicación.

Mientras escribo este párrafo de cierre soy consciente de que estoy impedido de ponerle punto final a este libro. Sigo en espera de que los organismos gubernamentales cumplan su misión de hacer valer la justicia. También ruego que cuando los puertorriqueños interesados en la memoria histórica de nuestro país reconstruyan lo que verdaderamente pasó en aquella década tenebrosa de los setenta, los señores que hoy ocupan los puestos de dirección en los órganos encargados de velar por la justicia no aparezcan en el bando de los colaboradores o encubridores por omisión, como les ocurrió a algunos funcionarios belgas durante el terror nazi. Sé que dependo de su buena voluntad y de su arrojo personal y moral. Soy optimista. Porque, parafraseando al escritor Luis Rafael Rivera, pienso que algún día aparecerá algún funcionario sensible y justiciero que me saque de este gueto de incertidumbre en el que me encuentro...

Agradecimientos

I can no other answer make, but,
thanks, and thanks.

William Shakespeare

Pienso –como el bardo inglés– que es de nobles agradecer. Y es por ello que cierro las páginas de este libro consignando esa absoluta verdad, sobre todo si, como en este caso, acudieron personas e instituciones que opinaron, orientaron y ofrecieron legítima ayuda en el trayecto de relatar mi historia.

Debo mencionar el nombre de Emma Cardona de López-Baralt, abogada, amiga y mujer extraordinaria. Ella leyó la versión original de este libro (bajo el título de *Calle San Francisco 308*, publicado en 1984) y me invitó a su casa para que conociera a sus hijas Luce y Merce, dos prominentes intelectuales que saben perfectamente cuánto sirve la historia para alimentar la literatura. Más de dos décadas después, en un venturoso día de 2007, me presentó al profesor de Derecho y escritor Luis Rafael Rivera. Este me entrevistó en agosto de ese mismo año para la sección Vidas Únicas de *El Nuevo Día* y publicó nuestra conversación bajo el titulo de "Las sombras de la identidad". A partir de ese momento surgió su interés en respaldar este proyecto. Y lo hizo de múltiples formas, corrigiendo, condensando y dándole al texto una mejor estructura argumental. Particularmente estuvo siempre presente el análisis, el estímulo y una infalible dedicación a mi manuscrito.

También deseo expresar mi profundo agradecimiento a las siguientes personas e instituciones: Morris Laub, de Yivo Institute for Jewish Research, William H. Webster, Director del FBI en Washington, D.C., el Rabino Martin I. Sandberg, K. Zeilinger, Jewish Social Services, Bruselas; Benjamin Armon, Yad Vashem, Jerusalem; los Departamentos de la Policía del Gran Ducado de Luxemburgo y Bruselas; L'Oeuvre Nationale de L'Enfance (Bruselas), las Hermanas de la Caridad (Bruselas), el Hebrew Immigrant Aid Society (HIAS) de la ciudad de Nueva York.

Consigno también la cooperación de la prensa y de los medios de comunicación en general, tanto en Puerto Rico como en los Estados Unidos y en

Europa. Sobre todo, deseo hacer un reconocimiento especial a Jacques Limage, de *Le Soir Illustré*, quien me acompañó durante la etapa crucial de la investigación en Bélgica y Luxemburgo.

Los aspectos de documentación e ilustración también contaron con otras personas e instituciones que enriquecieron y complementaron el texto: la profesora Myra Torres Álamo y el personal del Proyecto de Digitalización de la Colección de Foto del Periódico *El Mundo* (Recinto de Río Piedras de la Universidad de Puerto Rico) y José Sánchez Díaz, Director de la Biblioteca y Archivo de *El Nuevo Día*. También agradezco la colaboración de John Marino, editor de *The San Juan Star*.

Dos nombres quiero destacar en este cierre de agradecimientos. Primero, el de mi esposa Blanca, cuya amorosa compañía, aliento y permanente esfuerzo dieron a mi libro la insustituible nota de calor humano. Y segundo, el de Pablo Tirado, el periodista, poeta y ex diplomático, cuya valiosa ayuda en la primera versión de este manuscrito merece mi reiterado agradecimiento. A su memoria dedico también mi gratitud.

Finalmente, va mi agradecimiento a Andrés Palomares y a todo el personal de producción de Publicaciones Puertorriqueñas por todas sus sugerencias de tipo editorial y por haberme publicado un libro magníficamente ilustrado y muy bien cuidado.

Para todos, por siempre, gracias y gracias.

El autor

Mapa geopolítico 1942-1945 de Europa.

Árbol geneológico

A
Nombre: Chajer Berek
Sexo: M
Fecha de nacimiento: Aprox. 1856
Lugar de nacimiento: Polonia
Fecha de fallecimiento: Aprox. 1924
Lugar de fallecimiento: Polonia
Notas: Padre de Lea Schtatlender.

B
Nombre: Hinde Weiss
Sexo: F
Fecha de nacimiento: Aprox. 1865
Lugar de nacimiento: Polonia
Fecha de fallecimiento: Aprox. 1931
Lugar de fallecimiento: Polonia
Notas: Madre de Lea Schtatlender.

C
Nombre: Izaak Goldmann
Sexo: M
Fecha de nacimiento: 20 de junio de 1885
Lugar de nacimiento: Pabjanice, Polonia
Notas: Conocido como Icek. Casado con Lea Schtatlender. Llegó al Gran Ducado de Luxemburgo en 1914 y permaneció allí hasta 1919 con la identidad de su cuñado Jozef Schtatlender porque previamente había sido expulsado del país. Fue arrestado en la frontera polaco-alemana en 1934 y enviado a un campamento desconocido. Nada más se supo de él.

D
Nombre: Lea Schtatlender
Sexo: F
Fecha de nacimiento: 25 de mayo de 1883
Lugar de nacimiento: Lodz, Polonia
Lugar de fallecimiento: Auschwitz, Polonia
Notas: Conocida como Laja. Casada con Izaak Goldmann. Fue arrestada en Bruselas, Bélgica en 1943 y deportada a Auschwitz, Polonia.

E

Nombre: Caecilia Goldmann
Sexo: F
Fecha de nacimiento: 2 de mayo de 1916
Lugar de nacimiento: Luxemburgo
Notas: Conocida como Celli. Fue arrestada en Bruselas, Bélgica el 19 de abril de 1943 y enviada en la escolta XX, con el número 220, a un campamento de trabajo forzoso en L'Arbeiteinsatz, de donde fue llevada a Auschwitz, Polonia.

F

Nombre: Esther Goldmann
Sexo: F
Fecha de nacimiento: 7 de marzo de 1913
Lugar de nacimiento: Elberfeld, Alemania
Notas: Fue arrestada en Bruselas, Bélgica el 15 de enero de 1943 y enviada en la escolta XVIII, con el número 967, desde el campamento de Malines, Bélgica a Auschwitz, Polonia.

G

Nombre: Abraham Goldmann
Sexo: M
Fecha de nacimiento: 8 de octubre de 1914
Lugar de nacimiento: Hollerich, Luxemburgo
Notas: Conocido como Abraham Schtatlender. Fue inscrito con el apellido Schtalender debido a que su padre, Izaak Goldmann, había asumido la identidad de su cuñado Jozef, quien había fallecido. Fue arrestado el 18 de agosto de 1942 en Bruselas, Bélgica y enviado al campamento de Malines, Bélgica, de donde fue deportado en la escolta IV, con número 21, a Auschwitz, Polonia.

H

Nombre: Siegmund Goldmann
Sexo: M
Fecha de nacimiento: 4 de julio de 1917
Lugar de nacimiento: Luxemburgo
Notas: Fue arrestado en Bruselas, Bélgica el 18 agosto de 1942 y deportado en la escolta IV, con el número 8, a Auschwitz, Alemania.

I

Nombre: María Goldmann

Sexo: F

Fecha de nacimiento: 20 de octubre de 1919

Lugar de nacimiento: Colonia, Alemania

Notas: Fue arrestada en Bruselas, Bélgica el 19 de abril de 1943 y enviada al Campamento de Malines, Bélgica, de donde fue deportada en la escolta XX, con el número 600, a Auschwitz, Alemania.

J

Nombre: Chaim Isaak Liquornik

Sexo: M

Notas: Casado con Baba Perl y padre de Pessia Liquornik

K

Nombre: Baba Perl

Sexo: F

Notas: Casada con Chaim Isaak Liquornik y madre de Pessia Liquornik.

Casada por segunda vez con Isaak Reisch.

L

Nombre: Simon Eckhaus

Sexo: M

Fecha de nacimiento: Aprox. 1867

Lugar de nacimiento: Vaslui Bukovina, Viejo Austria

Fecha de fallecimiento: Aprox. 1949

Lugar de fallecimiento: New York, NY, EEUU

Notas: Conocido como Schimon. Arribó a New York el 17 de febrero de1939 en el barco «Aquitania» desde el puerto de Cherbourg, Francia.

M

Nombre: Pessia Liquornik

Sexo: F

Fecha de nacimiento: Aprox. 1873

Lugar de nacimiento: Viena, Austria

Fecha de fallecimiento: Aprox. 1935

Lugar de fallecimiento: Viena, Austria

Nota: casada con Simon Eckhaus

N

Nombre: Karl Eckhaus

Sexo: M

Fecha de nacimiento: 30 de marzo de 1892

Lugar de nacimiento: Vaslui, Rumania

Notas: Casado con Sabine Vogel. Fue arrestado en el Campamento de Drancy, Francia (Régimen de Vichy) y transportado el 14 de agosto de 1942 en la escolta XIX a Auschwitz, Polonia.

O

Nombre: Paula Eckhaus

Sexo: F

Fecha de nacimiento: 10 de julio de 1893

Lugar de nacimiento: Vaslui, Rumania

Fecha de fallecimiento: diciembre 1977

Lugar de fallecimiento: Nueva York, NY, EEUU

Notas: Casada con Max Hirsch.

P

Nombre: Osias Eckhaus

Sexo: M

Fecha de nacimiento: 23 de marzo de 1897

Lugar de nacimiento: Vaslui, Rumania

Notas: Fue arrestado en Francia el 31 de enero de 1941 y enviado al Campamento de Gurs (Régimen de Vichy), de donde fue deportado a Auschwitz, Polonia.

Q

Nombre: Isidor Eckhaus

Sexo: M

Fecha de nacimiento: 18 de marzo de 1909

Lugar de nacimiento: Vaslui, Rumanía

Fecha de fallecimiento: 7 de agosto de 1995

Lugar de fallecimiento: Nueva York, NY, EEUU

Notas: Emigró a los Estados Unidos junto con su esposa Emma y su hija Janet. El 14 de febrero de 1950 llegó a Nueva York en el barco Queen Mary desde el puerto de Southampton, Inglaterra.

R

Nombre: Josefine Eckhaus
Sexo: F
Lugar de nacimiento: Cernauti o Czernowitz, Rumania
Notas: Casada con Sigmund Reisch

S

Nombre: Benjamin Eckhaus
Sexo: M
Fecha de nacimiento: 15 de mayo de 1901
Lugar de nacimiento: Cernauti o Czernowitz, Rumania
Notas: Conocido como Benno. Fue arrestado en Bruselas, Bélgica en octubre de 1942 y enviado en la escolta XIII (número 159) a Auschwitz, Polonia.

T

Nombre: Madeleine Goldmann
Sexo: F
Fecha de nacimiento: 6 de enero de 1939
Lugar de nacimiento: Bruselas, Bélgica
Notas: Hija de Benjamin Eckhaus y Caecilia Goldmann.

U

Nombre: Astrid Goldmann
Sexo: F
Fecha de nacimiento: 5 de marzo de 1940
Lugar de nacimiento: Bruselas, Bélgica
Notas: Hija de Benjamin Eckhaus y Caecilia Goldmann.

V

Nombre: Charles J. Kane
Sexo: M
Fecha de nacimiento: 26 de mayo de 1942
Lugar de nacimiento: Bruselas, Bélgica
Notas: Conocido como Charles Joseph Goldmann o Charles Joseph Kahn.
Cuando sus padres adoptivos llegaron a los Estados Unidos cambiaron el apellido Kahn por el de Kane.

W

Nombre: Blanca Nieves Rodríguez
Sexo: F
Fecha de nacimiento: 16 de junio de 1944
Lugar de nacimiento: Arecibo, Puerto Rico
Notas: Casada con Charles J. Kane

OTROS FAMILIARES

Nombre: Sabine Vogel
Sexo: F
Fecha de nacimiento: 3 de diciembre de 1896
Fecha de fallecimiento: 26 de diciembre de 1934
Notas: Esposa de Karl Eckhaus.

Nombre: François César
Sexo: M
Notas: Casado con Astrid Goldman.

Nombre: Fred Eckhaus
Sexo: M
Fecha de nacimiento: 10 de julio de 1925
Lugar de nacimiento: Rumania
Fecha de fallecimiento: 15 de noviembre de 1987
Lugar de fallecimiento: Chicago, Illinois, EEUU
Notas: Hijo de Karl Eckhaus.

Nombre: Gideon Eckhaus
Sexo: M
Fecha de nacimiento: 3 de julio de 1923
Lugar de nacimiento: Viena, Austria
Notas: Hijo de Karl Eckhaus. Emigró a Israel en enero de 1939.

Nombre: Emma Glandz
Sexo: F
Fecha de nacimiento: 22 de julio de 1912
Lugar de nacimiento: Viena, Austria
Fecha de fallecimiento: 28 de agosto de 2004
Lugar de fallecimiento: Nueva York, NY, EEUU
Notas: Casada con Isidor Eckhaus.

Nombre: Janet Eckhaus
Sexo: F
Fecha de nacimiento: Aprox. 1944
Lugar de nacimiento: Inglaterra
Notas: Hija de Isidor Eckhaus y Emma Glandz.

Nombre: Olivier César Goldmann
Sexo: M
Fecha de nacimiento: 16 de diciembre de 1970
Lugar de nacimiento: Bruselas, Bélgica
Notas: Hijo de Astrid Goldmann y François César.

Nombre: Carine Gobert
Sexo: F
Fecha de nacimiento: 29 de mayo de 1961
Lugar de nacimiento: Bruselas, Bélgica
Notas: Hija de Astrid Goldmann.

Nombre: Max Hirsch
Sexo: M
Lugar de nacimiento: Rumania
Lugar de fallecimiento: Estados Unidos
Notas: Casado con Paula Eckhaus.

Nombre: Sara Kaufman
Sexo: F
Fecha de nacimiento: 3 de septiembre de 1926
Lugar de nacimiento: Lituania
Notas: Casada con Gideon Eckhaus.

Nombre: Doron Eckhaus
Sexo: M
Lugar de nacimiento: Israel
Notas: Hijo de Gideon Eckhaus.

Nombre: Schimon Eckhaus
Sexo: M
Lugar de nacimiento: Israel
Notas: Hijo de Gideon Eckhaus.

Árbol genealógico

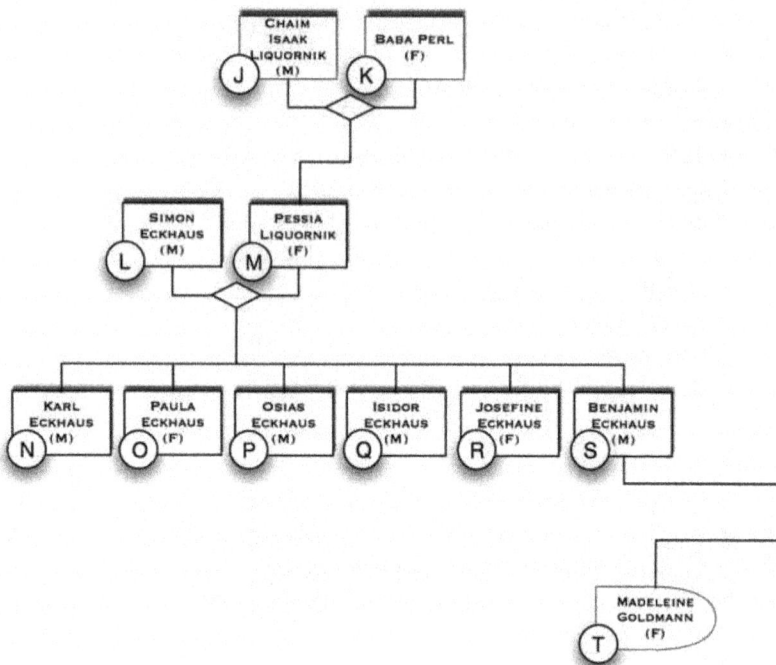

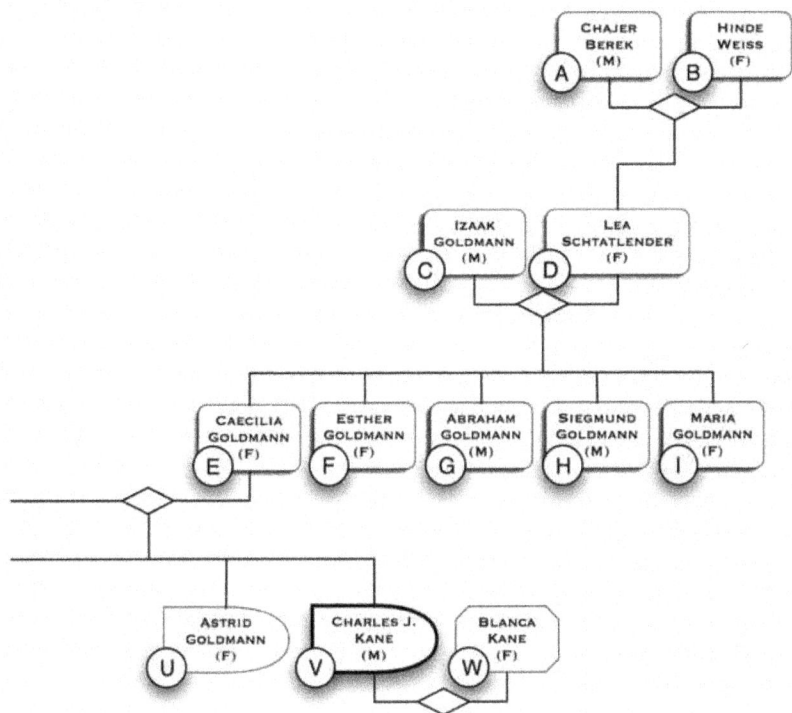

CHAJER BEREK (M) A
HINDE WEISS (F) B
IZAAK GOLDMANN (M) C
LEA SCHTATLENDER (F) D
CAECILIA GOLDMANN (F) E
ESTHER GOLDMANN (F) F
ABRAHAM GOLDMANN (M) G
SIEGMUND GOLDMANN (M) H
MARIA GOLDMANN (F) I
ASTRID GOLDMANN (F) U
CHARLES J. KANE (M) V
BLANCA KANE (F) W

Información adicional
(F)Femenino (M)Masculino